王元卓 著

# 卓见

## 为孩子思考

童趣出版有限公司编　人民邮电出版社出版
北京

图书在版编目（CIP）数据

卓见：为孩子思考 / 王元卓著；童趣出版有限公司编. -- 北京：人民邮电出版社，2024. -- ISBN 978-7-115-65062-7

Ⅰ. G782

中国国家版本馆 CIP 数据核字第 20247TL118 号

著　　　：王元卓
责任编辑：李卓倧
执行编辑：朱冰芝
责任印刷：孙智星
封面设计：韩木华
排版制作：北京百朗文化传播有限公司

编　　　：童趣出版有限公司
出　版　：人民邮电出版社
地　址　：北京市丰台区成寿寺路 11 号邮电出版大厦（100164）
网　址　：www.childrenfun.com.cn

读者热线：010-81054177　　　经销电话：010-81054120

印　　刷：北京华联印刷有限公司
开　　本：880×1230　1/32
印　　张：8.5
字　　数：250 千字

版　　次：2024 年 9 月第 1 版　2024 年 9 月第 1 次印刷
书　　号：ISBN 978-7-115-65062-7
定　　价：58.00 元

版权所有，侵权必究。如发现质量问题，请直接联系读者服务部：010-81054177。

# 前言

我是一名大数据和人工智能相关领域的科研人员。我有两个女儿，今年，大女儿初中毕业，步入高中；小女儿秋季上五年级。我和很多朋友一样，大女儿出生后就在不断摸索怎么当好一个父亲，在反复试错中思考如何养育好一个孩子。我没有育儿教育的理论基础，只有站在有益于孩子成长视角下的不断思考、不断实践，以及在陪伴两个女儿成长过程中的有益尝试。当我无意中发现做父亲的"工龄"和孩子的"年龄"无比巧合一致的时候，我才开始理解什么是"陪孩子一起成长"。我出版过5部学术专著，用来给硕士研究生和博士研究生讲授专业知识。我还出版过6部科普专著，可以给大众，尤其是青少年普及科学知识、传播科学思想。本书是我结合自己的成长经历，记录十几年来作为一名父亲为孩子的思考和在家庭教育中的实践。

我从小在一个宽松、自由的环境中长大。现在回忆起来，很多印象深刻的情景，都是我努力实现一个又一个奇特想法的过程。从两个女儿小时候起，我就希望女儿们都能活出她们自己的精彩，希望能给她们提供一个可以培养乐观心态、自主性格的宽松的家庭氛围。2021年之前，我只是偶尔有机会分享一些家里的亲子故事，比如：和女儿一起做机器人、一起种地、一起手绘科普书等，并没有想过要总结这些家庭教育的思想。直到我们家意外地被评为了"2021年全国最美家庭"和2021年度"十大首都最美家庭"，以及2022年"第十三届全国五好家庭"，开始有越来越多的人关注我和女儿们的故事。2021年11月，我和爱人作为全国唯一的家庭代表参加了全国人民代表大会常务委员会在人民大会堂举行的"家庭教育促进法实施座谈会"，并在发言中介绍了我们养育女儿的事例和体会。从那之后，很多朋友问我家庭教育的目标是什么？于是我开始系统性地思考，作为父亲的这些年，我做了什么？为什么要这么做？有哪些经验和教训值得和朋友们分享？经过两年多的思考、整理、凝练，终于形成了这本结合我家两个女儿成长过程中的有趣事例，介绍我的家庭教育思想，并融入了一些科学思维的实践版家教书。

总的来说，我认为要把"希望将孩子培养成什么样的人"作为家庭教育的目标。虽然每个家庭的家风不同，教育方法各异，但家庭教育都是为了把孩子培养成为具有学习能力、具有独立人格、能够自主和谐地生活并承担一定社会角色的人。换句话说，家庭教育就是要把"自然人"培养成为合格的"社会人"，这个过程需要父母与孩子共同成长。

本书的核心内容，是在遵循一个人从"自然人"到"社会人"的成长过程的前提下，通过家庭教育帮助孩子从学习知识，到学会独立，再到参与社会，最终成长为一个合格的、优秀的"社会人"。掌握孩子的这一"社会化"成长过程和家庭教育的核心方法，我们可以培养孩子出色的学习能力、独立的人格以及解决各种社会问题的能力，从而帮助孩子成为未来社会的"主人翁"，尽情地去追求自己美好的生活和多彩的人生。

根据孩子的成长逻辑，本书分为3个部分，分别为学习篇、人格篇和社会篇。

"学习篇"主要阐述"不要拿分数衡量孩子学习成果"的教育理念。孩子学习不是为了追求分数，更重要的是为了获取知识、培养习惯、提升能力、拓展思维。多关注孩子的学习态度、学习过程，而不只是盯着孩子考试得了多少分，才能培养起孩子真正的学习能力。在这一部分，将分别从培养孩子的创造力、动手能力、科学素养、阅读能力、表达能力5个方面展开论述。

"人格篇"主要阐述"让孩子形成独立而有个性的人格"的教育理念。孩子原本就是独立的个体，不是我们规划出来的"产品"，所以他也终将自己走向社会、走向未来。父母的职责是用爱给孩子提供一个安全的环境。至于如何探索世界，如何发展自己的精神胚胎，那是孩子的自由。在这一部分，将分别从孩子的个性发展、价值观、情绪管理、心理素质、独立人格、自信心、坚持7个角度展开论述。

"社会篇"主要阐述"让孩子自由飞翔"的教育理念。无论是在过去，还是在现在；无论是在城市，还是在乡村，每一对父母都有一个共同的心愿：希望自己的孩子能够适应社会、融入社会，成为一个有担当的人，过好自己精彩的人生。在这一部分，将分别从培养孩子的社交能力、责任心、爱国情怀、仪式感、决策能力、同理心6个角度展开论述。

以上18个关键词涵盖了3条线，分别是5种培养孩子学习能力的方法、7种培养孩子人格素养的方法和6种培养孩子社会能力的方法。

除此之外，为了帮助家长解决孩子成长中遇到的各种问题，在"学习篇""人格篇"和"社会篇"3个部分的后面，还分别设置了"科学家奶爸说"栏目，内容主要涉及当前孩子在学习、成长、性格养成、为人处世等多方面的热门话题。我将以"科学家奶爸"的角色和家长一起探讨面对这些问题时的解决方案，并给出一些我的思考和建议，与家长、孩子们共同成长。

本书中记录了大量我和爱人在两个女儿成长过程中的思考，以及女儿们的故事。本书成文过程中，我无数次和爱人、女儿们沟通、回忆、归纳、总结，她们都提供了很多很有意义的案例和想法。非常感谢家人对本书的大力支持。

感谢童趣出版有限公司的史妍、刘玉一、何醒、程瑛瑛等各位老师的大力支持和辛苦付出。特别要感谢程瑛瑛老师，她从选题、立项、定结构、定书名、出版等各个方面都为本书做出了巨大的努力和细致辛勤的工作，对此表示诚挚的谢意！

中国的家庭教育有着深厚的文化底蕴和传承，而"零零后""一零后"的新时代家庭教育，是摆在每个家庭和教育研究者面前的新课题。本书的内容只是我对家庭教育的思考和个人感悟，难免有偏颇之处。加之本人水平所限，书中如有错误和不足之处，恳请读者予以指正。

**推荐序**

# 成长比成绩重要

我多年来从事家庭教育工作,见过很多家庭,王元卓先生一家给我留下了很深的印象。王元卓先生是一位科学家,同时也是一位优秀的科普作家,在科技工作中做出了很多成果。他虽然一直工作繁忙,但并没有缺席孩子的成长过程。他与妻子两个人,在孩子的教育问题上,进行了很多有意义的思考和实践,也在很多场合里进行过分享。这次出版的这本《卓见:为孩子思考》,里面记录了他们家庭的许多案例,以及王元卓先生的教育观念。我读完很受触动。

我接触过很多父母,他们都非常重视家庭教育,也愿意参与到家庭教育中,但在教育孩子的具体过程中,有时会陷入一些教育"误区"。比如,一心想让孩子考名校,只关注孩子的成绩,忽视孩子的成长,由此引起不必要的教育焦虑。养育孩子,其实需要家长想清楚,到底要把孩子培养成一个什么样的人,这样才能明确家庭教育的方向。王元卓先生在这本书中,提出了家庭教育就是要把"自然人"培养成为合格的"社会人"。我觉得他说得很对。做父母的,就是要培养孩子具备适应未来社会的能力。这要求家长把眼光放得长远,不能急功近利。

还有一点要注意的是，现在孩子的成长环境已经和以前有了很大不同。这一代的孩子，很多能力其实已经远远超过了父母。家长要做的，更多的是从孩子的角度思考，给孩子提供他们真正所需的帮助，而不是代替孩子规划他们的人生。这也是王元卓先生在本书中积极倡导的，与我之前提出过的"父母要给孩子智慧的爱"观点相一致。

王元卓先生出版的这本书中，并没有高深难懂的理论，都是很"朴实"的教育理念，但这些恰恰是家庭教育中，很容易被遗忘的部分。

王元卓先生在书中记录了一位父亲多年来发自内心为孩子所思、所做的点点滴滴，简单且真实。我感动于他为孩子、家庭的付出，他让我看到了一个中国父亲、丈夫的榜样。他创立和谐的家庭关系，陪伴孩子一起成长的方法，实用且重要。我相信这本书可以给很多家庭启发，帮助家长把孩子培养成人。

卢 勤

中国少年儿童新闻出版总社首席教育专家、"知心姐姐"

# 目录

## 第1部分：
## 让孩子受益一生的学习能力有什么？

**学习篇**

**003　第1章　不拿分数衡量学习成果**

**010　第2章　能力和思维培养最重要**

010　第1节　创造力让孩子拥有不可替代的未来
024　第2节　科学素养才是孩子必备的能力
032　第3节　帮助孩子扩充科学知识
042　第4节　陪孩子一起阅读
051　第5节　会表达的孩子更受欢迎

**061　科学家奶爸说**

## 第 2 部分：
## 独立的孩子应该具备哪些人格品质？

**人格篇**

**075　第 1 章　孩子不是家长规划出来的"产品"**

**083　第 2 章　让孩子自由地发展个人能力**

083　第 1 节　传自家庭的教育智慧

094　第 2 节　允许孩子有情绪

103　第 3 节　不断迎接挑战是锻炼心理素质的最好方法

115　第 4 节　相信孩子会为自己负责

125　第 5 节　足够自信，才能稳步前进

136　第 6 节　持之以恒，坚持总会带来收获

**147　科学家奶爸说**

## 第 3 部分：
## 如何提高孩子适应社会的能力？

**社会篇**

**163　第 1 章　把孩子送到可以施展拳脚的地方**

**173　第 2 章　小不点儿也要有责任感**

173　第 1 节　孩子从田野里也能收获成长
185　第 2 节　迷人的传统文化，美好的家族传承
194　第 3 节　仪式感让家充满爱
205　第 4 节　家长总在安排未必是好事
215　第 5 节　培养孩子拥有宝贵的同理心
225　第 6 节　我愿意做那个多付出的人
237　第 7 节　孩子是互联网时代的主人翁

**247　科学家奶爸说**

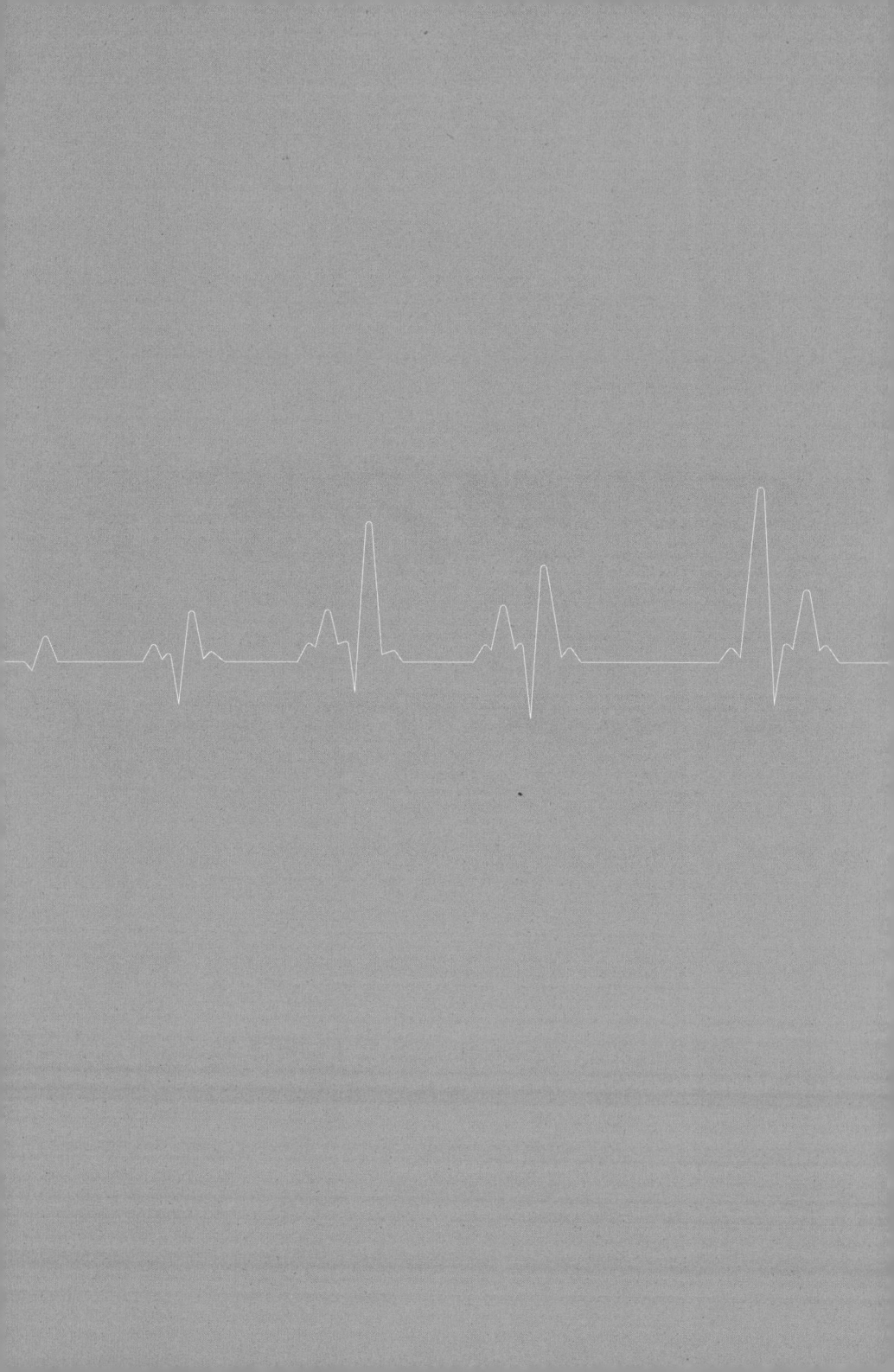

第 1 部分

# 1 学习篇

让孩子受益一生的学习能力有什么?

直到现在,童年生活能让我回味的依然是做那些事情的快乐,从来都不是考试成绩。许多对我之后的学习、生活有很大帮助的知识和经验,也都不是从考试当中获得的。

# 第 1 章
# 不拿分数
# 衡量学习成果

孩子的学习成绩几乎牵动着每位家长的心弦，我平时也会关注两个女儿的成绩。但大部分家长对孩子成绩的态度都是：孩子成绩好，考试分数高，家长就喜笑颜开，觉得自己的付出没有白费；孩子的成绩不理想，没有达到家长的要求，家长就会愁容满面。甚至孩子偶尔的一次考试失误，也会让家长感到恐慌，生怕孩子成绩不稳定，影响后面的学习。

我个人不太认同这种教育理念。在我看来，孩子的学习成绩和考试分数固然重要，它确实反映了孩子在某个阶段的学习情况，但成绩和分数不等同于孩子的学习结果，成绩的好坏也不等同于教育的成功或失败。除了分数，孩子的学习态度、学习习惯等往往更为重要，因为这些是培养和提升孩子科学素养、创造力、思维能力、阅读能力等的前提。尤其在孩子的小学阶段，这些能力可以为他以后的学习和成长打下坚实的基础，家长需要从孩子很小的时候就开始培养，帮助孩子获得长久的学习动力。

著名教育学家乌申斯基认为：如果你养成了好的习惯，你一辈子都享受不尽它的利息。孩子的学习也是这样。当孩子享受到学习的过程、养成良好的学习习惯后，自然就更容易考出好分数、取得好成绩。

## 孩子的快乐从来不是考试成绩给予的

我小的时候没有补习班和兴趣班，除了每天完成学校的课程，还有大把的时间做自己想做的事情。从上小学开始，我每天放学回到家，喜欢把废旧物品或者是一些废弃的零件组装在一起，尝试做成各种各样新奇的小玩意儿。

那时，我似乎从来没有把关注点放在考试成绩上。我记忆里最快乐的事，永远都是放学回到家后，把我所有的工具和零件铺开，埋头搞创造、搞制作，进入自己的世界，不知疲倦地完成一个又一个"工程"。我童年的回忆都满是各种奇妙的过程：画一幅小有创意的画，刻一枚印章,捏一个泥塑,用竹子做一只风筝,制作一个蝴蝶标本,用钩针钩一双毛线手套,焊接一台收音机,全手工做一架遥控直升机,制造一台有退币功能的有奖投币游戏机……当然,还有制作我最喜欢的机器人。

当时《变形金刚》正在热映,我看了后,就用废弃的硬纸板做了30多个与变形金刚有关的模型,包括擎天柱、大黄蜂、机器恐龙、飞行太保等,它们能变换出各种不同的造型。后来发现用硬纸板做机器人模型太脆弱,我改用易拉罐来做。不过那时的易拉罐比较稀缺,一般逢年过节才能喝到易拉罐装的饮料。所以收集易拉罐花了我不少精力,我甚至发动全家的亲戚帮我收集废弃的易拉罐。

上初中后,我的动手能力和设计能力更强了。我做过机器人、游戏机、遥控飞机等,每一个发明创造都是耗时几个月的大"工程"。这些"工程"有一个共同的特点,就是:目标是兴趣驱动的,设计是要去图书馆翻阅各种资料的,材料和零件是要四处淘、到处换的。

在很多家长看来,这些行为可能是"不务正业"的瞎折腾。但在这些经历中,我收获了很多东西,除了知识,还有思维方式和失败教训,这些都是在课堂上学习不到的。也许我当时并不了解其中的科学原理,但不断的实践和成功的喜悦让我对科学产生了浓厚的兴趣,让我在学习、理解、掌握、实践的同时,体会到了很多创造的快乐和满足。直到现在,童年生活能让我回味的依然是做那些事情的快乐,从来都不是考试成绩。许多对我之后的学习、生活有很大帮助的知识和经验,也都不是从考试当中获得的。

## 让我走上计算机科学之路的奇思妙想

1986年,电影《霹雳五号》上映,其中的情节和画面对我触动很大。那时,我的梦想是真正拥有一个自己的机器人朋友。但我当时根本接触不到世界上的高科技知识,对机器人和人工智能的期待也只停留在遥远的梦想里。我隐约地感觉机器人和人工智能应该都离不开计算机,只是当时的计算机对很多人来说还是高科技的代名词,人们习惯性地称之为"电脑"。所以,我那时最大的愿望就是先拥有一台属于自己的计算机。

1991年,也就是我上初一的那年,我拥有一台计算机的愿望终于实现了。我的姑姑从国外留学回来时,送给我一台笔记本电脑,那是我第一次接触计算机。因为这份礼物,我才有机会开始学习计算机的基本操作和编程。可以说,当时我有什么天马行空的想法,都会通过计算机来试一试。我发现,用计算机程序来实现和完成一个"项

少年时期的王元卓和他的第一台笔记本电脑

目"非常有意思,也有很大的创新空间。尤其在看过一些关于机器人的科幻电影后,我更加坚定了要通过计算机程序设计来实现一些设想,比如自动控制、智能功能。

初二那年,我完成了第一个复杂的集成类大"工程"——我最喜欢的擎天柱机器人。这个机器人用去了200多个易拉罐,不但可以变形,而且拥有一套简单的武器控制系统。在制作这个大家伙时,我既没有图纸,也没有具体的设计文稿,全部的电路图和接线图都在我脑子里。有时为了解决一个问题,我要反复思考好多天。这个机器人一直陪伴我多年,直到我上大学离开家。

这种对计算机科学的热爱，成为我后来选择专业的重要动力。在高考填报志愿时，我没有考虑其他专业，直接选择了计算机科学与技术专业，后来读硕士研究生、博士研究生也都是选择计算机专业。现在，我依然在计算机行业内工作，以科研人员、导师的身份指导和培养博士研究生。

现在回想起来，童年时期的那些爱好与创造跟考试成绩都没什么关系，但它们促使我如饥似渴地学习和探索。比如，我想让制造的机器人发声、变形，就必须弄清其中的机械原理和集成电路的基本功能，这要经过一系列复杂的计算和周密的思考。这时，我要到书本中去寻找和学习我需要的知识，然后将其运用到我的任务当中。而在动手制造过程中，我也会遇到很多的困难和问题，需要不断地去尝试新的方法、新的路径。有时我想象的创意可能在当时的条件下没办法实现，我只能采取其他措施去获得满意的结果，这是一个不断试错、修正，再试错、再修正的过程。

经过这样的过程，我的目标设定能力、学习能力、想象力、逻辑思维能力、创造力等，都在不知不觉中得到了锻炼、发展与提升。而这些能力对我后来专业的选择、职业的发展都有极大的帮助，也是我一生从事科研工作最重要的基础。

## 我对孩子学习问题的看法

现在,我在教育两个女儿的过程中,不会太看重她们的考试成绩和分数,反而更注重培养她们的目标设定能力、学习能力、想象力、创造力等。在这个过程中,我喜欢**用各种科学问题引导孩子主动学习、深入思考,这要比逼着孩子去被动学习更有效果。**

有时,我也会给一些中学生讲计算思维课。在课堂上,我总是希望引导同学们自己去动脑思考、动手实践。一般上完几节课后,他们就能设计并动手用齿轮制作出一个不同进制的加法器,这给家长和老师带来了很大的惊喜。其实,只要正确引导,每个孩子都会具有很好的学习能力和创造能力。有时家长可能太在意孩子的分数,忽略了对这些能力的培养,结果不仅没有让孩子的学习能力得到提升,反而让孩子出现了厌学情绪,这就得不偿失了。

在面试硕士研究生和博士研究生的时候,我也不会完全只看他们的考试分数,而是会问他们一些关于创造力的问题。比如:小时候有什么让你觉得有成就感或印象深刻的手工作品吗?你认为自己最有创造力的作品是什么?等等。我希望通过这些问题,发现他们身上的学习特质和创造力特质。我们应该给孩子创造更多的机会,鼓励孩子积极思考、想象和创造,这些能力才能让孩子真正受益终身。

# 第 2 章
# 能力和思维培养最重要

## 第 1 节 创造力让孩子拥有不可替代的未来

经常有朋友,尤其是孩子家长问我:"现在很多行业、领域都被人工智能取代了,我们现在应该培养孩子哪些方面的能力,孩子未来的工作才不会被人工智能取代呢?"

我非常理解大家的焦虑。的确,当前科技的发展水平已经令人工智能可以代替人类做很多事情了。在有特定目标指引、大量数据和经验指导下,以及重复性很强的领域内,人工智能可以发挥更大的作用,如机器翻译、治安监控、身份识别等。也就是说,当前社会上的工作岗位,在未来可能有超过一半会被更廉价、更高效和更准确的人工智能取代。

但是，我觉得大家也没必要太过焦虑。随着时代的发展，一些简单的、重复性强的工作岗位被取代，那就一定会有更新的工作需求涌现出来。而且，**当前人工智能并不具备真正的创造力，所以创造力也是我们培养孩子，让孩子更好地适应未来环境的核心竞争力。**

讲到创造，那有什么事情是可以体现创造力的呢？

比如，建造属于中国自己的空间站、飞行器成功着陆探索火星、制造世界上第一台量子计算机等，这些都是国家卓越创造力的体现。在生活中也有很多具有创造力的事情，如孩子们的创意画、剪纸作品、科技制作等，也都在创造力的范畴之内。

从某种程度上来说，创造力可能无法给我们带来直接的财富和名声，但它却能完成更重要的事情。比如对孩子来说，创造力可以给他带来成就感，让他的每一次体验都更愉快、更有趣；创造力能让孩子的生活更加丰富多彩，减少无聊和厌倦；创造力还能激发孩子主动学习和探索的兴趣，增强孩子的求知欲。这些都是孩子成长过程中非常重要的体验。如果用心理学的一个词来概括的话，那就是一种"心流"状态。

那么作为家长，我们要怎样培养孩子的创造力呢？

我相信这是很多家长都关注的问题。接下来，我就从"心流"这个概念入手，跟大家分享一下我在培养孩子创造力方面的一点体会。

## "心流"状态让孩子更有创造力

美国心理学家米哈里·齐克森米哈里（Mihaly Csikszentmihalyi）曾被誉为世界上最伟大的积极心理学研究者，他提出了一个重要理论——"心流"理论。所谓"心流"，就是一种能够使人全身心地投入某种活动的心理状态。处于这种状态中时，人们既能感觉到自己所做的事情要花费一些精力，有一些风险或困难需要克服，又能感觉进展很顺利，几乎没有什么障碍，一切都可以自然而然地完成。这个时候，人的意识就能高度集中，而这个过程中也会包含很多新的发现和创造。

当一个人的能力较弱时，做一些挑战度小的工作会比较好，如果给他挑战度大的工作，他可能就会感到很焦虑，也根本体会不到"心流"状态；同样，给一个能力较强的人分配挑战度较小的工作，他也不会体会到"心流"状态，只会感觉工作的无聊。只有当一个人具有较强的能力，同时还能遇到挑战度较大的工作时，他才有可能在不断克服挑战、完成工作的过程中体会到"心流"状态。而当一个人处于"心流"状态时，即使做事有些费力，他也仍然有动力去克服困难，让一切自然而然地完成。在这个过程中，他的意识会高度集中，同时可能会有更多新奇的发现，有助于创造力的产生。

这个理论同样适用于对孩子创造力的培养，也就是说，面对一件有一定难度的事，如果孩子完成得很好，他会感觉很有趣，甚至很有成就感。这时，孩子就处于"心流"状态，而这种状态又会促使他获得更多的新发现，从而激发他的创造力。

我在上中学时，有一段时间特别想做一架遥控飞机。这件事即使放在现在，在各种材料都充足的情况下，要完成也并不容易，在当时更是一件颇有难度的事情。

不过，产生这个念头之后，明知道有难度，我还是想试一试，因为自己真的很喜欢搞这些发明创造。于是，我先从一些航模和电路相关的杂志上学习制作原理，想弄清楚遥控飞机到底是依靠什么原理飞上天的。弄清楚这些知识后，我的心里就有了一定的把握。

经过对所学知识的消化和深思熟虑，我决定选择电动机作为飞机的动力系统。但那时，我拥有的现成的电动机不是动力不够，就是个头儿太大，所以我决定自己动手做一个。

接下来，我开始寻找各种合适的材料。有时为了弄到必需的材料，我甚至会拿出自己一些心爱的东西去跟朋友交换。如果实在找不到，我就自己动手制作。

那时每天一放学回到家，我就一头扎进自己的小房间里开始捣鼓，同学叫我一起出去玩也不去。每次完成一小部分，我心里都特别高兴，也更有动力和积极性完成后面的工作。

经过一段时间的努力，这个遥控飞机模型终于完成了，当时我的心里是非常高兴，也非常有成就感的！

现在回想起来，我在制作遥控飞机模型的过程中其实就产生了"心流"状态，这种状态促使我更加积极、主动地去研究和创造，最终成功地拿到了自己想要的结果。

这就提醒我们，在孩子进行一些看似"不务正业"的探索、发明和创造时，我们不要打击他，而是要多鼓励他，保护孩子专心做事的状态，并引导孩子对结果有所期待和渴望。这样他才会有动力根据目标的需要去学习相应的知识，或者提高自己的动手能力。必要时，我们甚至可以为孩子创造一定的环境和氛围，让孩子尽可能地在当下任务上集中注意力，不要分心。同时，对于孩子做事的结果，我们也要积极给予关注、认可和鼓励。这样一来，孩子才更容易进入"心流"状态。这是一个螺旋上升的过程，也是孩子的创造力不断提升的过程。

通常来说，创造力可以分为四个阶段：首先是主动思考，也就是寻找目标和方向；然后是凭感觉找到自己最感兴趣的点，确定目标；接下来是针对目标构思并设计实施方案；最后是挥洒汗水最多的部分，也就是动手实施。

这个过程一般需要综合两个方面的因素：一个是创新思维，另一个是动手能力。

如今，孩子正处于一个科技爆炸的时代，每天都有大量新的科技成果和新的事物涌现出来。想要培养和提升孩子的创造力，我们就要从日常点滴生活中给予孩子无形的引导和帮助，保护孩子探索的兴趣和主动性，而不是给孩子一些有形的约束，逼着孩子去做什么、不做什么。那样即使孩子完成了一些创造，也是缺乏灵气的，因为没有他自己的兴趣和灵魂在里面。

## 创新的动力是好奇心和兴趣

对于创新思维，最大的动力就是好奇心和兴趣。如果孩子对一件事没有好奇心，也缺乏兴趣，那么他就很难产生想去创新的意识,更不可能积极主动地去进行创新活动。需要注意的是,除非孩子从小就学会享受好奇,否则随着年龄的增长,他的好奇心会逐渐减退。

那么,我们怎样保护和激发孩子的好奇心,逐渐培养孩子的创新思维呢?

我认为有两个方法大家可以尝试一下。

第一,鼓励孩子,欣赏并肯定他的好奇心。孩子的好奇心是他探索新事物的开始,也是他了解这个世界的重要动力。欣赏、肯定和满足他的好奇心,其实就是帮助孩子学习新事物、发挥创造力的过程。在很多时候,一些创造,尤其是艺术创造,可能没有什么明确目标,但孩子的好奇心往往会激发出很多创造的灵感。

> 在月月(我的大女儿)4岁时,我曾带她到三亚市旅游。在沙滩上,我们发现了很多漂亮的贝壳。月月对这些贝壳产生了很强的好奇心,跑来跑去地收集各种贝壳,还不停地问我:为什么这些贝壳的形状都不一样?贝壳的主人去哪里了?这些贝壳可以保存很久吗?它们可以拼起来吗?为什么有些贝壳看起来像眼睛,有些贝壳又像仙鹤的翅膀?……

我一边回答她的问题，一边听她叽叽喳喳地说着自己的想法。在这个过程中，她的好奇心得到了一定的释放，也变得更加旺盛。

　　回到家后，月月开始按照自己的想法创作作品。在这个过程中，主要由她叙述，我来帮她使用各种工具制作。我们一起把一个个漂亮的贝壳变成了小鸟、白鹤、孔雀等

王元卓和女儿月月一起拾贝壳

动物的形状,这个结果让月月特别开心,现在还经常跟我说起这件事。

任何创新思维都是相通和相似的,不论是画一幅构思精巧的画,还是做一件匠心独运的工艺品,或是做一顿色香味俱佳的晚餐……都需要类似的思维方式,并且都希望有新意、与众不同。在这个成就感被拉满的过程中,孩子的创新思维得到了肯定,这种正向反馈又会激励他继续发挥自己的创造力,在今后的成长中将灵感发散到更深、更广的领域。

因此,我们平时应该鼓励孩子做一些比较有创意的事情,并引导他对这些事产生好奇和思考,或者让孩子把每天感到好奇的事、由此引发的想法等记录下来。在这个过程中,孩子通常会产生一些让人意想不到的想法。**如果某件事点燃了孩子的兴趣火花,让孩子产生了更具体、更强烈的兴趣和灵感,我们一定要帮助孩子"跟住它",鼓励孩子持续思考、反复讨论或者化为实践。**久而久之,孩子的这种行为就会变成习惯,不但好奇心能保持下去,而且能带来很多意想不到的收获。

第二,引导孩子更多地亲身参与、体验和感受事物。当孩子对一些事物产生好奇心时,和孩子一起亲身体验的最佳机会就来了。在日常生活中,只要我发现女儿们开始对什么东西产生了兴趣，就会带着她们一起去体验，比如动手制作一些小玩具、动物造型等，这同时也是一种很好的亲子活动。

在月月5岁时的一个春天里，我们在公园看到天上飞着五颜六色的风筝，月月对这些飞舞的风筝产生了兴趣。

"爸爸，那些风筝是怎么飞起来的？"

"这个道理很简单，咱们一起做一个怎么样？做完你就知道了。"

"好啊，我要做一只蝴蝶风筝！"

月月拍着手，欢呼雀跃地表示马上回家做风筝。

根据创造的四个阶段，在寻找目标和确定目标——探索风筝飞起来的奥秘之后，我们开始制作方案、采购原材料和动手实施。

在这个过程中，我不断征求月月的意见，并尽可能让她参与材料选择、动手制作的过程。有些需要她发挥创意的地方，比如选择什么图案、蝴蝶的大小、颜色以及翅膀的形状等，全由她自己决定。在动手制作时，她也参与其中，帮我拿画笔、涂胶水、递材料，还不停地问我制作原理，如："为什么要用这么细的竹子做骨架？""为什么这样做风筝就会飞起来？"一边问我，一边仔细地观察我是怎么把风筝一点一点制作成型的。

风筝完成后，月月爱不释手，高兴得好像是自己做出来的一样——其实也差不多,因为制作的每一步她都亲自参与,并倾注了自己的心血。

我们把风筝拿到公园放飞,她更是高兴得又蹦又跳。因为她不仅了解了风筝飞起来的原理,还更直观地感受了这个过程。

这只风筝我们用了好几年,当孩子们每次发现满天飞舞的数百只风筝中,可能只有我们的风筝是用竹子、胶水、画笔一点一点自己手工做出来的时候,她们都会产生满满的自豪感。

通过以上这些日常活动,孩子们的好奇心和创新思维日渐活跃,有时她们还会主动提出要做点什么有创意的东西,我每次都积极支持。并且我只要有时间,就会陪她们一起做。当然,很多小创意、小发明她们现在自己就可以做得很好了,我一般只需要做个"顾问",在她们遇到困难时给予一些指点即可,真正的创意主角已经从我变成了她们。

## 动手能力需要在不断练习和反复实践中提升

拥有创造力的人,往往也拥有出色的动手能力。培养孩子的动手能力,也是激发孩子创造力的重要方式之一。

培养孩子动手能力的方式有很多，比如从小教孩子做手工、引导孩子玩一些搭建类或拼图类的游戏，都能在一定程度上锻炼孩子手部的灵活性，增强孩子的动手能力。不过，真正想要提高孩子的动手能力和创造力，我们还需要引导和鼓励孩子不断练习和反复实践。

在我们家，每年的腊月二十八，我都会带着两个女儿剪窗花。这是一个不断练习和反复实践的过程，让女儿们的动手能力得到了很大提高。

在女儿们年龄较小时，每次都是由我先设计出要剪的窗花图案，画好图后，再带着她们一起剪。月月5岁的那年春节，我刚在纸上画好窗花图，月月就表示想自己动手剪，我自然是非常支持的。

于是，她拿着剪刀小心地沿着我画好的线开始剪。这一步对她来说其实很难，虽然她平时也会使用剪刀，但剪窗花对使用剪刀的技能要求很高，一不小心就会把上面的线纹剪断，或者把花纹剪掉。其间我指导她几次，并给她示范我用剪刀的技巧，她认真观察后反复练习，终于找到了其中的奥妙，最后顺利地剪好了窗花。

有了这次经验，第二年过年时，月月表示窗花的图案也要自己画，我当然更是支持。于是，月月找来红纸，仔细对折，用笔耐心地画出要剪的图案。一开始，她画的线

月月和心心独立完成剪窗花

总是不规范,要么画长了,要么画斜了,我会提醒她一下,她擦掉后再重新画。重复几次后,她才把图案画好,但是一点儿也没有不耐烦。接下来,她一点儿一点儿地把这个图案剪出来,独立完成了一幅窗花。

在这个过程中,我发现月月特别善于观察和研究,寻找其中的技巧,然后自己去亲自尝试,不断练习,掌握这个技巧后立刻去多次实践,直到成功。这个过程是非常锻炼孩子的动脑和动手能力的。

现在，不管是画窗花还是剪窗花，这些工作都不归我管了，我只负责给女儿们拍照。月月也有自己的设计思想，会自己画图，也能自己剪好，心心（我的小女儿）负责给姐姐做助手。设计、画图、精心地剪出一张复杂的窗花，是很费工夫的。做到最后，孩子们又困又累，但无论多晚，她们都会坚持完成。不仅如此，她们创作的窗花样式也越来越丰富。

无论是通过激发孩子的"心流"状态来提升行动能力，还是通过保护孩子的好奇心来培养创新能力，再或是通过和孩子一起亲身参与、反复实践来提高动手能力，都可以逐渐提高孩子的创造力。而创造力的提高，反过来会促进孩子放飞想象力、提升动手能力，从而不断产生新的创意、领会新的技能、学到新的知识，拥有高效的学习能力，并且变得更加自信。

通常来说，富有创造力而又自信的孩子，敢于不断迎接新的挑战。这既可以促进孩子个人的成长，也可以促进整个科技和文化的发展。也许，孩子们的一个创新想法就会改变我们的生活呢！从这个角度来说，创造力不但可以让孩子享受生活中更多的乐趣和幸福，而且可以让孩子拥有一个不可替代的未来。

## 第 2 节 科学素养才是孩子必备的能力

什么是科学素养？

科学素养通常用来衡量公众，也就是社会上的大多数人对科学了解的程度。我认为，科学素养主要包含科学兴趣、科学知识、科学方法和科学精神几个方面的内容。作为一名科研工作者，除了创造力，我觉得科学素养对孩子的成长帮助也非常大。**孩子未来不一定要成为科学家，具备一定的科学素养却是孩子未来必备的能力。**

对孩子的科学教育不同于课内的文化课，它没有固定的教材，也没有明确的要求，这使得不同孩子具备的科学素养水平有很大差距。不过，培养孩子的科学素养，并不是只有依靠炫目的高科技教具这一种方式。我一直很注重在生活中培养孩子的科学素养，一方面陪孩子多读、多看各种科学书籍、电影等，和她们一起讨论科学问题，调动孩子对探究科学问题的积极性，并鼓励她们自己去寻找答案；另一方面，我会和孩子一起动手搞各种发明创作，通过这种方式对孩子进行科学启蒙，同时也可以保护孩子的探索欲望，培养她们的探索精神。

通常来说，孩子 3 岁到 6 岁期间，就开始对各种科学问题产生兴趣,这时候非常需要家长保护好孩子的好奇心,并充分利用日常生活中的各种机会、提供必要的材料、创建合适的环境,引导和支持孩子进行各种创作活动,提升孩子对科学的兴趣,帮助孩子养成科学探究的习惯。

## 用创作提升孩子对科学的兴趣

我对科学的热爱,源于小时候对科幻电影和机器人的痴迷。我曾经以为,自制机器人的经历只是儿时打发时间的一种胡闹,但从事科研工作后,我越来越发现那些经历的可贵之处。因此,我希望将科学这颗种子继续播种在女儿们的心里。

月月5岁的时候,幼儿园老师要求小朋友们回家和家长一起用废旧物品制作一件作品,作为"六一"儿童节的礼物。回到家后,月月对我说:"爸爸,我们一起做个机器人吧!"于是,我就和月月一起动手收集易拉罐和旧名片盒,制作了一个可以遥控和简单发声的机器人,我们给它取名叫"瓦力一号"。月月非常喜欢这个机器人,把它拿到幼儿园参加各种展览,获得了小朋友们崇拜的目光。这次经历,让月月真切地感受到了科学创造给她带来的快乐和满满的成就感,也让我萌生了带着女儿一起制作更多智能机器人的想法。

制作"瓦力一号",我和月月只用了四五个晚上的时间,机器人的形象和功能都很简陋。之后制作机器人的时候,我都会跟月月商量,可以让它的身体更结实、功能更智能。我也会征求月月的意见,比如她更希望机器人是什么样的、具备哪些功能。

于是在接下来的两年里,每当快到"六一"儿童节时,女儿们就能看到我工作台上的机器人在不断变化,几乎每天都有新的机器人部件或功能产生,它们最后变成一个拥有很多"神奇"功能的机器人。比如,视频回传、智能对

月月、心心与机器人合影留念

话，以及远程遥控、语音控制、脑电波控制等。这也让女儿们对每年的儿童节都充满了期待。

我们后来又制作了两款机器人。我给它们分别取名为"瓦力二号"和"瓦力三号"。这些"明星"机器人朋友都是女儿们的同学来到家里必玩的项目，每次我都能看到女儿们的兴奋和骄傲之情溢于言表。

如果说"瓦力一号"激活了我心中沉睡多年的对机器人热爱的种子，那么"瓦力二号"和"瓦力三号"则让我找到了培养孩子科学素养的通道。在这个过程中，我发现制作机器人可以很好地激发和提升女儿们对科技的兴趣，即使是当时还不到2岁的小女儿心心，也对它充满了好奇，对它的各种新功能充满了期待。

## 启发孩子自己解决问题

培养孩子的科学素养是一个长期的过程，需要我们慢慢帮助孩子建立科学思维，培养和提升孩子分析问题、解决问题的能力。但是，孩子最基础的科学素养不是靠直接灌输大量知识就能培养起来的，而是在日常生活中通过直接感知、实际操作、亲身体验等亲子活动，一步一步启发和引导孩子建立起来的。

因此，相比直接给孩子灌输知识，我更喜欢用科学问题激发孩子深入思考，鼓励孩子自己尝试去解决问题，帮助孩子获得一定的感性知识和经验建构。这个过程对孩子科学素养的培养和提升是十分有效的。

在和两个女儿一起看完《流浪地球》后，我跟她们讲，地球之所以要"流浪"，是因为太阳进行核聚变释放了能量，最后会变成红巨星吞没地球。

那么太阳是怎么变化的呢？

这时，我会启发和引导她们进行思考：太阳可以生存约100亿年，现在已经存在了约46亿年，它还要多久才会变成红巨星呢？变成红巨星后，太阳的半径有多长、能不能把地球包住？地球能不能不去"流浪"？受太阳风影响，太阳每年会远离地球几厘米，那么50多亿年后，太阳会离地球多远呢？是不是到那时地球就不用再"逃跑"了？

我并没有直接向女儿们输出新知识，而是把她们看完电影后最关心的问题用相关的知识点串联起来，让她们自己去寻找答案。这个过程，不但能让她们更好地发挥想象力，而且能很好地锻炼她们的科学思维和探索能力，让她们不断产生新的想法，甚至提升快速获得新技能、新知识的学习能力。我和女儿们的生活中，这样的引导教育经历有很多。

在月月读小学的时候，有一次上美术课需要用到涮画笔的水罐，我让她自己用瓶子剪一个。但是，这个水罐多高合适？怎样才能既可以把笔插进水罐，又不让水罐容易翻倒？如果瓶子太软立不住怎么办？用什么办法能解决这些问题，为什么？……当孩子面对这些问题时，我不会直接告诉她答案，而是鼓励她自己去思考和尝试做一做，看看怎样才能完美地解决这些问题，从而达到目的。

还有一次，月月的科学课上有一个小实验，要从盐水中提炼出盐。这个实验需要用到哪些工具？具体应该怎么做？为什么要这样做？我也是鼓励她先自己思考。在实验过程中，一些有危险的操作我会帮助她，比如点火，但其余的步骤都由她自己来完成。实验结束后，我会和她一起讨论，弄清楚为什么要这样做、其中的原理是什么，引导她进一步思考。

这些活动都是以孩子为主角进行的，所以她们的积极性特别高，完成后也特别有成就感。而且，这些简单的引导方式，不但激发了孩子的探索兴趣，而且让孩子产生了运用科学思维主动思考问题的动力。这要比我们苦口婆心地给孩子解释科学道理或直接告诉她们问题的答案更有效,也更容易帮助孩子养成自己解决问题的思维习惯。

## 借助有趣的科技工具

如今,对大多数家庭来说,科技工具和学习资源是比较容易获得的,这些便利条件可以极大地帮助孩子提升科学素养。比如,科学应用程序或游戏,帮助孩子通过互动的有趣方式学习科学知识;在线课堂或教育平台,能提供各种科学课程,家长可以根据孩子的兴趣和水平为孩子选择。

我们家有一个编程游戏机器人,只需要在手机或平板电脑上,把指令模块移动到对应的程序窗口里,并且自定义每个指令应该如何工作,指令下达后,机器人就会去执行动作。心心5岁的时候开始接触这种简单的编程游戏,每次都玩得不亦乐乎,这就是在锻炼孩子的科学思维。

借助有趣的工具引起孩子的兴趣,不需要大人过多地说教,孩子自己就会去思考和探索。当孩子实在不知道如何操作时,我们可以对孩子进行适当的启发式引导,比如对孩子说:

"如果是我的话，我会这样……"然后鼓励孩子自己想出具体的解决方案，让孩子逐步形成自己的思维方式。

**每个孩子都有一颗好奇心，也都具备成为小小科学家的潜质**。从本质上说，孩子对外部世界的好奇心是上天赋予的礼物，不需要刻意去培养，也不需要给他灌输多少现成的科学知识。家长要做的，无非就是保护好孩子的这份好奇心和探索欲望，让他觉得科学探索是一件很有趣的事，由此激发他主动思考的积极性。必要的时候，家长有意识地给予他适当的引导和启发即可。

当然，如果家长能够结合自己的特长和孩子的兴趣，利用日常生活中的各种机会和孩子一起进行轻松、愉快的亲子互动，或者一起动手搞发明创造、做科学实验，往往可以更好地激发孩子对科学现象和科学知识的兴趣，从而促使孩子积极地去思考和探究科学问题，获得丰富的科学滋养，让孩子顺利地从感性思维过渡到理性思维。这对孩子来说，不论是科学素养的提升，还是科学思维的建构，都是非常有帮助的。

## 第 3 节　帮助孩子扩充科学知识

当下孩子所处的时代，是一个科技高度发达的时代。如今的科学技术，将古老传说中的神话世界、经典科幻作品中的未来世界变成了现实，甚至已经远远超出了人们的想象。充分的科学素养和思维能力，能帮助孩子在高科技几乎无处不在的生活中，更有效地学习、更便利地工作。

在教育"双减"中做好科学教育加法，激发青少年好奇心、想象力、探求欲，培育具备科学家潜质、愿意献身科学研究事业的青少年群体，任重而道远。帮助孩子在接受基础教育的阶段，建立正确的科学观，培养科学兴趣，树立科学志向，对孩子的成长、成才具有重要的基础性作用。

科学教育不同于课内的文化课，它通常没有固定的教材，也没有固定的课程体系，更没有固定的考核体系，最关键的是它不与升学挂钩，很多家长，甚至学校和老师都缺乏对科学教育的重视。这使得孩子们的科学素养和思维能力水平有着很大差异。

在家里，我会尽可能地抓住一切日常的机会，去激发两个女儿对科学的兴趣，帮助她们了解和掌握科学知识。比如，陪她们一起阅读科学书籍、看科学电影、讨论科学问题，尤其是用她们感兴趣的方式，引导她们在娱乐活动中掌握各种科学知识。

**科学知识是在日常生活中一点一滴积累起来的。** 我不会限于某种特定的培养方式，大多时候会在日常活动中引导，让孩子有代入感。比如，旅行时给女儿们讲地理、气候、民俗；种菜时给她们讲不同季节种什么菜、不同蔬菜的生长过程，以及不同类型蔬菜的外观特点等。

通过潜移默化的方式，女儿们在边玩边学中掌握了很多科学知识。当然，我也会根据她们的兴趣，集中给她们讲一些更深入的科学知识。

## 利用电影给孩子做科普

我从小就很喜欢科幻电影，所以从两个女儿小时候开始，我就带她们看经典的科幻电影。电影中宏大的场景、大开的脑洞、对未来的畅想，都会吸引她们的关注。于是，我会选一些科学性较强的电影场景，和她们一起探讨其中的科学问题。

比如，我们在看电影《星际穿越》时，10岁的月月对莫尔斯电码感兴趣,想知道它是怎么操作的,而5岁的心心则好奇地问:"为什么女儿会比她的爸爸还老?"我针对她们的问题分别回应,解答她们的疑问。如果有时间,我还会陪她们看第二遍、第三遍,再看时会带着问题,也带着答案。

2019年大年初三,一次偶然的经历,打开了我为孩子做科普的新天地。

那天,我们一家人去电影院观看国产科幻电影《流浪地球》。回到家后,意犹未尽的我和女儿们讨论起电影中的情节,结果我发现她们并没有看懂。这也不怪她们,主要是电影太"硬核"了,里面有大量的科学知识和专业术语,这些抽象的概念和知识对我们成人来说都不太好消化,何况小学生呢!

为了让女儿们更清楚地理解电影中的科学背景和故事情节,我一边给她们讲解涉及的科学知识,一边随手画了几张图。我还梳理了知识点之间的关系,列出了一些思考的问题。比如:太阳系是怎么构成的,太阳核聚变反应是什么,"流浪地球"计划、引力弹弓效应具体是指什么,激发孩子们的科学思维能力。

这几幅不经意的手绘图被朋友发到了微博上,意外地获得了网友们的极大关注,有超过1.5亿人次的阅读量。这件事很快登上了微博热搜榜,并先后被100余家媒体报道,继而引发了数万人参与讨论。网友们亲切地称呼我为"硬核科学家奶爸"。

这件事给了我很大的触动,也让我深切地意识到大众对科学知识的需求,以及对科研人员参与科普工作的认可。这期间,很多朋友给我留言或发私信,希望我能继续把给女儿手绘的科普讲解图画下去,帮助更多孩子启蒙科学知识。我问两个女儿:"你们愿不愿意帮我?"女儿们得知我的手绘图被很多家长和小朋友喜欢,特别高兴,因此非常痛快地答应下来,表示愿意支持我。

就这样,我决定亲手绘制一套科普书,选择10部经典的科幻电影,用手绘图的方式讲解其中的100个科学知识点,书名就叫作《科幻电影中的科学》,希望有更多的孩子,可以直观地沉浸在充满深奥科学知识和有趣幻想的科幻电影世界中。

## 和孩子一起进行科普创作

我虽然出版过多部学术专著,但没有写过给孩子的科普书,更何况要手绘100幅知识点讲解图。这是一个大工程,更是对我的一个巨大挑战。为了明确阶段性计划,我把科幻电

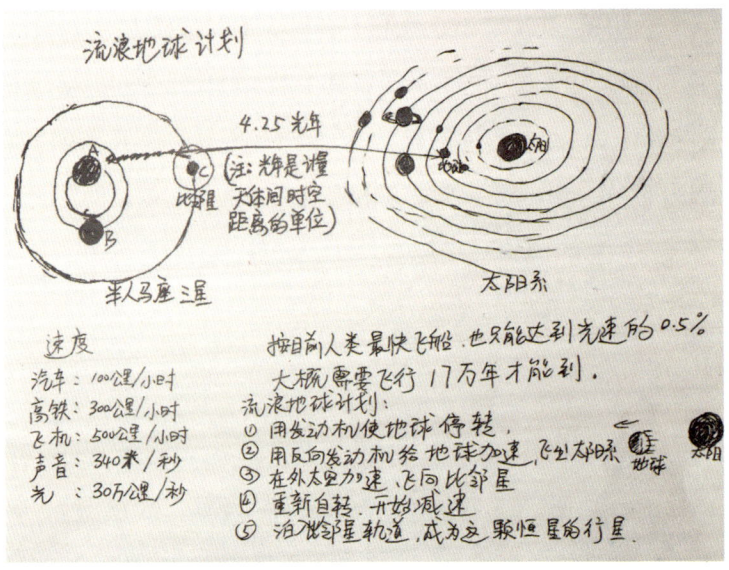

王元卓随手画的科普手绘图

影分成几个主题,初步设定每本书包含 3 部电影及与之相关的 30 个知识点,每年完成 1 本书。

经过网友的推荐、女儿的建议和我的反复斟酌,我们最终选择了《流浪地球》《星际穿越》《火星救援》《钢铁侠》《阿凡达》《头号玩家》《机器人总动员》《超能陆战队》和《三体》9 部具有代表性的科幻电影。以手绘图的表现形式出版了"科幻电影中的科学"系列科普书,分别为《科学家奶爸的宇宙手绘》《科学家奶爸的 AI 手绘》和《科学家奶爸的智能体手绘》,讲解了科学领域的 90 个知识点。在这个过程中,恰好迎来了科幻电影《流浪地球 2》上映,再次激发了广大观众,尤其是青少年对其中科学设定的热议。而我,正是这部电影的科学顾问。于是,最后一本书《科学家奶爸的〈流浪地球 2〉手绘》的出版,意味着用时 4 年终于完成了当初我对孩子们的承诺。

在"科幻电影中的科学"系列创作的初期,月月还在上小学。她主动担任我的第一助手,跟我讨论书中应该加入哪些知识点、用什么样的方式展现、我的描述和讲解方式她是否感兴趣。她还发动班里 30 多位同学组成我的科学小助手团,通过多次调研和问卷的方式,选出电影中他们最关心的问题,由我来绘制解答图。

这里有一个问题,就是从科学的视角讲科普,这个度要怎么把握?这个问题让我思考了很久,做得太简单,会有失专业性;稍微复杂一些,又怕吓跑读者。怎么办呢?这时我和女儿进行了多次深入沟通和讨论,最终我们找到了一个定位:如果读者是小学生,那这套书就是科学家;如果读者是科学家,那这套书就是小学生。

在这套书中,每一部科幻电影都由一段"我和女儿的故事"的四格漫画做引子,将我在家里给女儿讲述科学知识的过程生动形象地展现出来。简单来说,就是先从亲子故事切入,再用手绘图展开科学知识的讲解,最后提出开放性的问题,让小读者积极思考和探索。这样的呈现,深入浅出、通俗易懂,不乏专业性,还能引导孩子对科学问题产生自己的思考。在这个过程中,月月和我一起讨论、设计这套书的整体框架,帮我收集大量的科普资料。书中有些她能画的图、能写的文字,也都由她独立完成。有了这番经历,她的科学知识得到了极大丰富。

后来,月月到了小学升初中的阶段,参与创作的时间越来越少。当时刚读一年级的小女儿心心对我每天写写画画、查阅资料这件事一直很感兴趣,于是换成她经常陪我一起创作。很多时候,想给孩子解释清楚一个知识点,我需要了解天文、地质、高能物理、信息科学等多学科的知识，需要翻看很多相关的专业书。7岁的心心总会坐在我的身边和我一起看，偶尔对我画的讲解图提出自己的意见，甚至还创作了几幅手绘作品，被我收录到书中用来讲解"元宇宙"的内容。

这个过程中，女儿和我一起阅读，也一起学习。不知不觉中，这些活动提高了孩子对科学知识的兴趣，也培养了孩子科学思维的能力。

这套书在出版后，获得了读者的广泛认可，荣获了20多项国家级和省部级的奖项，当然也获得了两个女儿的认可。实际上，不只是孩子，许多成人朋友也对书中的科学知识十分感兴趣。所以从那以后，只要我有时间，就会积极地参加一些线下的科普讲座活动，或是线上的科普直播活动，希望能帮助更多的大小朋友普及科学知识。

刚刚开始这项工作时，我并没有考虑太多，一方面是想帮助两个女儿扩充科学知识，另一方面是希望对科学感兴趣的孩子能从中有所收获。但没想到，这套书不仅女儿喜欢，还有那么多读者喜欢，这坚定了我继续为孩子做科普的决心。我希望能在每个孩子心中都种下一颗科学的种子，有朝一日可以生根发芽，更希望它能满足孩子探索知识的需求，为孩子打开更加广阔的科学世界。

## 抓住生活中的机会

除了通过电影、书籍为孩子普及科学知识，在生活中我也会抓住一切机会给孩子讲解各种科学知识。从自然变化到人类发展，再到航天、宇宙等，不局限于某个领域，只要这件事有一定的科学内涵，能够激发孩子的兴趣，我都会拿来和孩子一起探讨。不一定要孩子全部记住这些知识，但要给孩子提供足够多的支持，让孩子获取的科学知识更加丰富。

我在郊区租了一块地，连续7年带孩子去地里劳作，体验自己动手耕种、除虫、采摘、收割的过程。虽然辛苦，但我们乐此不疲，还从中学到了很多自然科普的知识。比如孩子们知道了西红柿、黄瓜应该在什么季节播种，怎样靠叶子就能识别出一株秧苗长大后是黄瓜、茄子还是西红柿，菜地里有虫时该用什么方法除虫，等等。其中包含了大量的科学知识，孩子在不知不觉中便掌握了。

不论是创作科普书，还是耕种田地，我一直都鼓励两个女儿深入参与，这也是我做这些事情的一个重要动力。如果孩子能够积极参与进来，特别是一些主要环节，不仅能丰富她们的课余生活，还能帮助她们很好地掌握其中涉及的知识点，这是我最希望达成的目标。

学习和扩充科学知识可以为孩子开启一个更为美妙的世界，在这个世界里，孩子也能够体验到前所未有的科学奥秘。当孩子具备了一定的科学素养，掌握了一定的科学知识后，就可以慢慢感受到科学的魅力。

当然，给孩子普及和扩充科学知识，对孩子进行科学教育，家长不一定要成为某个领域的专家。关键在于，家长要先有这样的意识，然后用适合孩子的方法，陪伴孩子学习，鼓励孩子多参加科普活动。日常生活中，家长也不需要在特别深入地了解某一方面的知识后，才与孩子展开交流。家长只要稍微下点工夫，比如和孩子一起看科教类的视频、听科学类的讲座，或者和孩子就一些随处可见的科学现象进行讨论，都能帮助孩子开阔科学视野、丰富科学知识。

很多时候，**讨论的过程往往比知识本身更加重要**。因为它可以帮助孩子发散思维，激发孩子的想象力，让孩子产生各种各样新奇的想法，进而锻炼孩子的科学思维，促进孩子提高分析问题、解决问题的水平，使孩子收获真正可以受益终身的能力。

## 第 4 节　陪孩子一起阅读

阅读是孩子学习的必经之路。从一定程度上来说,阅读能力对孩子的学习起着决定性作用。孩子能够掌握正确的阅读方法,提升了阅读能力,才算是拿到了打开知识大门的钥匙。

从家庭教育的角度来引导孩子阅读,最合适的方法就是亲子共读,这是家长对孩子最好的陪伴,也是实现家庭教育的有效途径。亲子共读不仅能让孩子更快、更好地获取知识,还能帮助孩子探索未知、拓展思维、开发潜能,提升孩子的思维能力、理解能力和认知能力,让孩子受益一生。所以,我建议家长多陪孩子阅读。

但是,很多家长提出,自己会给孩子购买大量图书,可无奈孩子不喜欢读,或是读不下去,该怎么办?

这种情况十分常见,我曾多次被身边的朋友和家长问过。根据我个人教育女儿的经验,我认为家长需要掌握好引导孩子阅读的方法。

## 为孩子创设良好的阅读环境

引导孩子进入阅读的大门，为孩子创设良好的阅读环境很重要。不管是中文阅读还是英文阅读，家庭环境对孩子的影响起决定性作用，这是学校所不具备的。为孩子创设良好的阅读环境，也是激发孩子阅读兴趣和培养阅读习惯的良好开端。

在两个女儿很小的时候，我爱人会根据她们的年龄、个人特点、兴趣爱好等，为她们选择适合阅读的绘本、故事书，并且有意识地培养她们的阅读习惯。平时，只要我们两个人有空，就会选择一些有趣的小故事读给她们听。一开始她们可能并不能全部理解，但是没关系，慢慢坚持，她们就会养成习惯，对书形成依赖，把读书当成一种爱好，甚至是生活中不可或缺的一件事情。她们长大一些后，我们会鼓励她们自己看书。因此，两个女儿从小就习惯阅读，并且喜欢阅读。

心心从4岁起便能自主阅读，每次看到书中有趣的地方，还会和爸爸、妈妈、姐姐分享其中的情节。不知不觉间，阅读成了心心每天重要的必修课。在4年多的时间里，心心阅读了3000多本书，包括上百万字的《哈利·波特》英文原著、《红楼梦》原著等经典作品。可以说,阅读不仅为孩子打开了了解世界的窗口,还增加了孩子"腹有诗书"的自信。

一般来说,在家庭中创设中文阅读环境比较容易,英文阅读环境可能不是每个家庭都具备,但也不是不能操作。

在我们家里,刚开始是给孩子看图文并茂的简单的英文绘本,从给孩子读到陪孩子读,再到借助点读笔之类的设备,让

心心在看英文书

孩子自己拿着点读笔去点读图上的单词和句子，边玩边学。当然我们始终陪着孩子，每天坚持阅读。孩子认识了一定量的单词后，就可以引导孩子试着自己阅读了。阅读时，我们先带着孩子一起把书中的英文句子通读几遍，并鼓励孩子大声朗读出来，然后让孩子自己读，有读不准的，我们会进行纠正，也可以借助点读笔来纠正。读书的关键是理解意思。孩子要首先能够通过英文单词的读音、拼写，以及单词的组合理解绘本画面的意思，发音和语法的学习可以慢慢来。

就这样，亲子阅读从我们的引导，渐渐过渡到孩子选择自己喜欢的书来读。当孩子能够独立阅读时，我们要做的是在孩子身边默默陪伴，当然也可以做我们自己的事情，关键是，给孩子创造一个良好的阅读环境和氛围。

在和孩子一起阅读的过程中，我们要注意掌握节奏，以免孩子产生倦怠感。成人完成一项难度较大的工作任务时，都会产生一些畏难或抗拒心理，何况年幼的孩子。所以，在孩子阅读感到疲倦时，我们要让孩子放松一下。比如陪孩子做个小游戏，不要把阅读变成一件让孩子感到痛苦的事情。

另外，关注孩子的用眼健康也非常重要，一定要避免孩子在小的时候就经常视力疲劳，甚至导致近视。

## 阅读的进阶训练很重要

在大多数家长看来，只有一些技能类的学习项目才需要进阶训练，比如钢琴、篮球、围棋等，其实阅读也需要进阶训练。

在我们家里，每过一段时间，我爱人就会给两个女儿分别安排一些进阶读物，循序渐进地为她们提升阅读难度。孩子不但能在阅读中积累大量的词汇和新的知识，还能逐渐形成阅读后的思考习惯，理解书中故事的不同要素，训练推理、预测、归纳、总结等阅读思维和能力。在这个过程中，我们也会经常通过提问题的方式帮助孩子深入理解所阅读的内容，或者让孩子尝试对书中的内容进行复述与总结，从而锻炼孩子的上述能力。

随着阅读能力的提高，孩子的好奇心也在不断增强，阅读的实用性和工具性逐渐显现。这时，孩子开始把阅读当成了解世界的窗口、增长知识的途径，对阅读内容不再局限于文本的字面意思，而是会对内容提出自己的疑问或产生自己的见解。

心心在8岁阅读《红楼梦》时，问了我们一个问题："在《红楼梦》里，为什么林黛玉被称为'林姑娘'，而薛宝钗被称为'宝姑娘'？为什么一个用姓来称呼，另一个用名来称呼？"

听到这个问题，我跟爱人面面相觑，一时回答不上来。但我们没有拒绝她，更没有搪塞她，而是马上去查资料。这才知道，原因之一是汉人称呼人习惯用姓，满人会直接称呼人的名字，显得更亲近。林黛玉使用的是汉人的习惯，薛宝钗使用的是满人的习惯。还有一个原因是林黛玉与贾宝玉是"木石姻缘"，薛宝钗与贾宝玉是"金玉良缘"，两人的称呼与之对应，暗示两人与宝玉的姻缘关系。

通过这件小事，我更加清晰地认识到，<mark>鼓励和引导孩子多阅读，可以大大激发孩子的求知欲和探索欲</mark>。虽然，有时我们对孩子提出的一些问题无法解答，但那也没关系，我们可以借此机会和孩子一起查阅相关的资料，一起学习，一起进步。而孩子的这种不断求知、不断提问的表现，就是进阶阅读训练带来的效果。

从图多字少的绘本、故事书，到图少字多或没有图的纯文字书，能够从头到尾读下来，孩子的阅读能力会获得巨大提升。后来，月月和心心都可以阅读又大又厚的英文原版书，比如"哈利·波特"系列图书。心心还特别喜欢听英文原版小说，只要有时间，她就会打开电脑或手机软件自己听。这一切，都与最初对孩子阅读兴趣和阅读能力的培养有关。

## 学以致用是兴趣的根源

我与朋友或家长聊天时,经常会被问到:"为什么你的女儿会有那么强烈的阅读兴趣?"

我认真思考了这个问题,然后发现,追根究底,除了家长的积极引导和陪伴,还有一个因素就是学以致用,这也是孩子产生阅读兴趣的主要根源。这与学习其他技能的道理是一样的,比如弹钢琴,如果孩子每天只是练习,却不去表演,也不参加比赛,完全为了学而学,那就很难保持长久的兴趣和动力。

> 月月和心心都学过钢琴,一开始练习时,两个孩子很有兴趣,后来学着学着就觉得枯燥,动力大不如前。我发现后,就对她们说:"你们可以在学习累了的时候去弹一会儿钢琴,放松放松紧张的大脑。""你们也可以弹一些自己喜欢的流行歌曲或影视歌曲,这既是练习,又是娱乐。"她们俩觉得我的提议很好,就按照我说的去做,没想到弹得还挺开心。这就是学以致用的结果。现在,心心

已经可以做到主动练琴了，弹的大多是她喜欢的曲子，她自己也是完全陶醉其中。

阅读也是如此，女儿对阅读的学以致用是写作，通过写作把自己在书中学到的知识运用起来。

心心5岁的时候，开始自己写英文科幻小故事。故事的内容是她和妈妈坐着飞船，一起从其他的星球回到地球过生日，邀请了很多小朋友来参加生日宴会。

在故事中，她把自己学过的英语单词和关于宇宙空间的知识都运用上了。不仅如此，她还把作品按故事内容划分了章节，列出目录，设计书名和封面，最后一起仔细地装订起来，非常系统、精致。完成后，她拿给我看，满脸期待地问我："爸爸，你快读读我写的故事，看看我写得怎么样？"我当然会认真"拜读"，给出真诚的赞美。有些我觉得不太恰当的地方，我也会很认真地告诉她，比如这句话如果我来表达我会怎么说。

这也是我和爱人平时言传身教的结果。我在家里工作、写东西的时候，两个女儿经常围在我身边看着我，有时还会模仿我。慢慢地，我再写东西时，她们就坐在我对面写小故事；我给文字配图，她们也跟着我学，在自己写的小故事旁画张图。所以，她们创作的小故事里经常会有一些自己画的插图。她们创作的内容一开始是中文小说、中文故事，后来就写英文的。

阅读对她们来说，是一个读了写、写了读的过程，同时也是一个不断提升成就感的过程。

**通过阅读，孩子学到了更多的知识，见识到了更大的世界，而创作、分享则是对所学知识深入理解后的学以致用。** 孩子通过这种方式与他人交流自己的读书成果，既能拓宽他的思维，养成从不同角度思考问题的习惯，又能提升他的阅读水平和理解能力，将学过的东西融会贯通，最终变成自己的学识和能力。

孩子阅读能力的培养需要家长的陪伴和引导。在这个过程中，我们要善于发现孩子的阅读兴趣是什么，孩子的阅读兴趣是如何被激发出来的，从而引导孩子更加主动地阅读和思考。我们要鼓励孩子不懂就问、提出自己的想法，培养孩子自主探索的习惯、寻找答案的能力。另外，我们也要参与孩子的阅读和探索过程，和他一起成长，收获成功的喜悦。

**在陪伴孩子读书、思考、探索无限可能的同时，我们也和孩子创造了无限可能。** 孩子的童年很短，但人生很长。只要我们多花一点时间、多花一些心思，就可以把家庭变成一方沃土，为孩子提供充足的成长养分，让孩子茁壮成长，拥有一个美好的、高质量的童年。

## 第 5 节　会表达的孩子更受欢迎

有句话叫"爱笑的人运气不会太差"。我想说，会说话、会表达的人往往也拥有更多的好运气。尤其在现代社会中，一个人即使能力超群，如果缺乏表达能力，言谈之间枯燥无趣，或者说起话来前言不搭后语，哪怕原本很容易完成的事情也可能会节外生枝。相反，如果拥有出色的表达能力，哪怕原本困难的事情也可能会事半功倍。这就像戴尔·卡耐基曾在《语言的突破》一书中写的那样："一个人的事业是否成功，有15%取决于他自己的智商，而其余85%则取决于他的表达能力，也就是他处理人际关系的能力、说话的技巧以及说服他人的能力。"

前段时间，我偶然从电视上看到了一档之前热播的明星亲子节目，其中给我留下深刻印象的不是家长身上的明星光环，而是孩子出色的交际能力和表达能力。有的孩子才五六岁，但他在镜头前谈吐自如、毫不怯场，还能快速和周围的人打成一片，不管走到哪里，任谁看都是个耀眼的小明星模样。更让我感慨的是，这样的孩子在完成任务的时候，往往也是效率最高、运气最好的。

为什么这么小的孩子就有这样出色的表达能力？难道是天

生的优势吗？

其实不然。**表达能力并非与生俱来，它是一种综合教育的成果体现，是一种可以通过后天培养形成的能力。**

## 表达能力是孩子最好的名片

语言是在交流中产生和发展的，在孩子刚刚学说话时，我们要跟孩子多说、多交流，让孩子经历"听、理解、模仿、表达"的过程，引导孩子多开口说话。当然，孩子一开始说话可能没那么顺畅，表达也缺乏逻辑，我们要多些耐心，慢慢地跟孩子说话，或倾听孩子表达。不要因为孩子说得磕磕绊绊，就不耐烦地打断孩子，或者替孩子说出来，这是对孩子的不尊重，也是给孩子的不良示范。如果我们能专心地听孩子说话，给孩子做一个正面的榜样，就能让孩子慢慢学会在别人说话时认真倾听，利于孩子准确地理解每句话的含义。

同时，我们还要在日常生活中鼓励孩子敢于提出问题，积极与伙伴交流，大胆地开口表达自己的想法、与别人不一样的见解，让孩子有话敢说、有话想说、有话会说。

在月月小时候，我和爱人经常鼓励她多跟人交流、表达，这让她从小就有很好的人缘，备受身边人的喜欢。

月月3岁时，我和爱人带着她到幼儿园报名。因为我们报名时间比较晚，负责的老师严厉地批评我们不负责任："你们还有一个月开学了才来报名，哪里还有多余名额？"

听到这样的话，初为父母的我们不亚于当头一棒，既满心自责，又手足无措。就在我们俩好言好语地请求老师给增加一个名额的时候，月月却跑到一旁跟幼儿园的园长聊了起来。她从自己的年龄到爱好、特长，滔滔不绝地说给园长听。不仅如此，她还主动向园长询问这所幼儿园有什么好玩儿的地方、会教小朋友学什么……

过了一会儿，园长带着月月来到我们身边，笑着告诉我们，月月凭借自己的本领被幼儿园破格录取了！我和爱人当时简直又惊又喜。

就这样，月月凭借自己出众的表达能力，为自己争取到了一个难得的入园名额。

不得不说，会表达的孩子更容易受欢迎，也更容易获得好机会。**表达能力相当于孩子的一张名片，孩子通过这张名片直接又清晰地展现自己的优势**。很多人都喜欢爱说话、会说话的孩子，也愿意跟这样的孩子交流。如此一来，孩子的人际关系自然会变得更好，也更容易得到他人的认可。

但是，也要注意两点：一是孩子年龄比较小的时候，表达可能没那么准确，有时说着说着就跑题了。这时我们要及时提醒孩子，到底要传递给对方什么样的信息？让孩子学会准确地表达出自己内心的所思所想。二是引导孩子思考，自己说出的话可能会对听者产生什么样的影响？对方听完后会做出什么反应，是开心还是不开心？这也要求我们给孩子做好示范，教孩子学会换位思考，既要准确地表达出自己的内心所想，又要让听者感到舒服、愿意接受。如果自己说了半天跑题了，这样的表达就没有意义；或者说完后发现伤害了对方，这样的表达就可能不会让对方认可，下次要尽量少说或者换种说法。

## 给孩子创造锻炼表达的舞台

在月月小时候，我会尽可能地为她提供各种练习表达的机会，鼓励她平时多参加各种活动，多参与人际交往，结交更多的朋友。在这个过程中，我一直引导她**做表达的"主人"，表达自己真实的观点和想法，而不是做家长或别人的复读机**。当孩子能够清晰、准确地表达自己时，不但可以赢得更多人的关注，而且可以享受到表达带来的成就感。

在我工作的单位,每年年底都会举行大型的亲子活动联欢会,经常邀请月月来担任小主持人。从月月4岁开始,我就鼓励她登台主持。一开始她不识字,我就陪着她把主持词背下来。后来她学会拼音,也认识了一些汉字,我就帮她把不认识的字标注上拼音。再到后来,她可以自己修改主持词中不顺畅的地方。一晃几年的时间,大家都真切地感受到了月月的变化,从"能说"发展到"敢说",甚至发展到在台上即兴主持时的"会说"。

月月上小学后,我仍然鼓励她多登台参加主持和演讲

月月担任联欢会的小主持人

活动，这些经历不仅锻炼了她的表达能力，还让她的心理素质变得越来越强。

8岁那年，月月应邀参加TEDxKids小讲者演讲活动。在正式演讲的前一天晚上，我和月月最后一次认真确定了演讲的主题、结构和案例故事。然后她就安心去睡觉了，说自己第二天会带着最好的状态去演讲。反而是我，紧张起来了。我熬夜帮她整理了两页文字稿，打印好放在她的书桌上。第二天月月起床后，拿着稿子读了两遍，改了几处她认为不通顺的词，再通读几次。之后，我们便出发去往演讲地点。月月站上舞台，面对摄像机直接开始了演讲。效果如何先不说，月月这平稳的心态，简直比我都强！

11岁时，月月又受邀参加在中国科技馆举行的全国科普日"科普阅读联合行动"的活动。她不但要登台发言，而且要与科幻电影《流浪地球》中小刘启的扮演者联袂表演情景剧。在开始前的彩排环节，月月才第一次见到舞台的布局和即将与自己一起表演对手戏的小搭档。早就拿到手里的剧本，仍然在根据导演的要求、时长的调整不断修改，无疑给两个小演员带来了不小的挑战。

然而，在正式主持和表演环节，月月不仅全程脱稿，还多次根据实际情况进行临场发挥，让整个表演更加自然流畅。日积月累的技能和经验总能在关键时候发挥作用，月月的整场表现获得了主办方领导、中央电视台导演和很多朋友的称赞。

要提高表达能力，反复练习少不了。为孩子不断创造展示自我的舞台，孩子成长得会非常迅速。**让孩子面对一百个人表达一次，比面对十个人表达十次的效果好得多**。这不但能锻炼孩子面对观众侃侃而谈的能力，而且能锻炼孩子的勇气和自信。孩子在舞台上展现出的良好状态，包括自信的眼神、恰当的表情、落落大方的体态，都是通过一次次登台练习获得的。更难得的是，孩子在舞台上得到肯定后，也会收获极大的自我价值感和满足感。

所以，我建议家长平时多为孩子提供一些在公众场合表达的机会。不一定是特别正式的比赛或多么宏大的舞台，班级表演、家庭聚会，大大小小的机会都可以。只要孩子愿意，就积极鼓励他去参加，一点一滴地提高他的表达能力。

### 表达能力强的孩子综合能力不会弱

中央电视台有一档非常火的节目叫《主持人大赛》，评委团由电视台的名知资深主持人组成，选手是从全国各地通过一次次竞争筛选出来的。如果用一个词来形容比赛过程，说是"神仙打架"都不过分，每一场都非常精彩。

表达能力并不只是主持人需要，每个人都应该具备。如果表达能力强，或许可能让你有机会成为一名优秀的主持人。在主持人大赛中，选手们字正腔圆地陈述自己的主持内容是最基本的，他们还需要有极强的逻辑思维能力，在最短的时间里用言简意赅的话语让大家知道自己表达的是什么。

同样的道理，如果孩子的表达能力增强，那么他的知识水平、逻辑思维能力、语言组织能力、辩论能力等也都会相应地获得提升。这些能力对孩子的学习与成长无疑是非常有益的。

月月小学毕业时要进行论文答辩，她选择的论文题目是《十二生肖与中国传统文化》。

答辩时，月月信心满满，从自己在美国的留学经历讲到对中国十二生肖的理解，从中国故事讲到文化自信。在讲解过程中，月月语言流畅，思路清晰，有理有据，给评委老师留下了深刻的印象。答辩结束后，作为毕业论文小组的组长，月月带领的小组在全校近200个毕业组中脱颖而出，小组论文被评为为数不多的优秀论文，还获得了

"2021年小学教育发展论坛"毕业论文展示的机会。

上初中后,月月在表达时不仅自信,还多了一份从容。参加班长竞选,她只准备了5分钟便登上讲台进行竞选演讲,最终得到了老师和同学们的一致认可。经过层层选拔,月月成功担任年级优秀学生表彰大会的主持人,在800多位师生面前从容主持,还多次即兴脱稿、临时救场。之后,月月顺理成章地成为学校各种活动主持人的最佳人选。这一切都要得益于她多年来的经验积累和对表达能力的不断历练。

如今,在表达方面,我能帮月月做的事情已经越来越少,她与人沟通时一般不再需要征求我的意见,主持活动也不再需要我的指导,我只负责一些后勤工作即可。我欣慰于她的进步和成长,尤其是她出色的社交能力和表达能力,连我都自愧不如。

**"想说"的孩子,会得到更多的关注;"敢说"的孩子,会得到更多的机会;"会说"的孩子,会得到更多的成功。** 一个善于表达自己的孩子,在群体生活中往往更受欢迎,也更容易得到同龄人的喜欢和接纳,这会让孩子的性格越来越好、朋友越来越多。这种情况会形成一种良性循环,让孩子更加乐于接触他人,更加愿意去沟通和表达。

当然，孩子表达能力的培养与其他能力一样，都是需要时间的。这就要求我们家长多一些耐心，多给孩子一些机会。即使孩子现在在公众表达时退缩、畏惧，我们也不要焦虑，接纳孩子当下的情绪和表现。因为面对公众，紧张是人之常情，就算是我们成人也不可避免。虽然我经常到全国各地参加学术讲座，有时也会感到紧张呢！

所以，在日常生活中，试着用上我分享的方法，有意识地培养和锻炼孩子的表达能力，然后静待花开就好了。

# 科学家奶爸说

1. 如何提高孩子的科学知识积累?
2. 怎样引导孩子爱上阅读?
3. 孩子对学习缺乏兴趣怎么办?
4. 有必要让孩子超前学习吗?
5. 怎样辅导孩子写作业?

## ❶ 如何提高孩子的科学知识积累？

科学家奶爸说

科学知识积累少，这是孩子成长过程中普遍会有的问题。作为家长，你能关注到这一点，非常不容易。

科学知识是科学素养的一部分。培养孩子的科学素养，提高孩子的科学知识积累，家长的意识最为关键。如果你已经有了这个意识，但发现自己的科学知识积累也不多，没办法教孩子，那么我建议，你可以让孩子多读科普书。重要的前提是，你要为孩子挑选合适的科普读物。

如果你逛书店，一定能注意到书店里会有科普类图书的专柜，经常带孩子去翻阅，是个很好的办法。选书时，你可以参考网上的热门书单，其中很多是从事科普工作的老师和阅读推广人为孩子推荐的比较好的经典科普书。你也可以结合孩子的兴趣和意愿和孩子一起挑选，这样选出来的书孩子会更爱读。

说实话，给孩子买书这件事并不难，只要你愿意花心思去了解，多看、多对比，很快就能变成行家。

---

小锦囊

用心为孩子挑选适合的科学读物，激发孩子的阅读兴趣，陪孩子一起提高科学知识积累。

## 怎样引导孩子爱上阅读？

**科学家奶爸说**

你有培养孩子阅读习惯和阅读爱好的意识，这非常好。

每个孩子对书的喜好不同。孩子没有关注你为他选的书，可能是因为书里的内容不是他感兴趣的，不一定是他不爱看书。所以，不妨再多尝试几次，找到孩子真正喜欢的书。

在给孩子选书时，我建议你带着孩子一起去书店，让孩子自己去找他感兴趣的书。如果不方便去书店，你可以找一些其他家长或老师推荐的读物，买回来让孩子试读，喜欢的留下，不喜欢或不适合的可以拿去跟别人换。

更重要的是，你要陪孩子一起阅读，不是把书买回来堆在孩子面前就万事大吉了。尤其是刚开始的阶段，孩子可能很难进入阅读状态，你需要坐下来帮他建立阅读习惯。首先，选择孩子感兴趣的某本书，陪他一起读。然后，从孩子感兴趣的这本书，延伸到相关的其他书，可以跟孩子聊一聊书里的内容、读完有什么收获。慢慢地，孩子养成了读书的习惯，就能独立阅读了。这需要一个过程，你要懂得陪伴、懂得鼓励，让孩子从中获得快乐和成就感，从而爱上阅读这件事。

**小锦囊**

选择孩子感兴趣的书，陪他一起看，才是让孩子爱上阅读"成本最低，见效最快"的方法。

## 3 孩子对学习缺乏兴趣怎么办

**科学家奶爸说**

一般来说，孩子抵触学习班、抵触学习，代表他对学习不感兴趣。究其原因，可能是孩子学习时感到不快乐，没有成就感，也可能是孩子不喜欢某个老师，等等。所以，要先弄清楚孩子为什么对学习没兴趣。然后，要想办法把孩子感兴趣的事跟学习结合起来，慢慢引导孩子对学习产生兴趣。

心心上小学之前学习英文比较多，导致她上小学后学习中文有些吃力，好多汉字都不认识，甚至一度产生了厌学情绪。当时的我非常焦虑，只能积极寻找帮助她对学习产生兴趣的方法。

转机出现了，我发现心心喜欢我们大家一起出去游玩，所以我有空就带她出门。我们一起看风景，认识花草和昆虫，在这个过程中她特别快乐。于是，我鼓励她试着把所见所闻用中文编一首小诗或是一段顺口溜。回家后，我又鼓励她第一时间把作品用汉字写下来，最好再配一幅自己画的图。她非常喜欢这件事，不知不觉就学会了很多汉字，中文水平也提高了不少。

**小锦囊** 找到孩子感兴趣的事，把它与学习结合起来，让孩子在做这件事时获得快乐和成就，孩子慢慢就会爱上学习。

### ④ 有必要让孩子超前学习吗？

**科学家奶爸说**

据我了解，很多家庭有让孩子超前学习的现象。但是，要不要让孩子超前学习，超前学习对孩子是利是弊，别人家的孩子都超前学习但我家孩子没学落后了怎么办？一系列问题确实令家长头疼。

我个人的观点是：孩子在什么年纪就应该做什么事。为了应对考试，超前学习可能会有一定的效果。但我更希望孩子在接受应试教育之外，能有一些空间去提升科学素养和思维能力，而不是只学会了背题目和套公式。

月月小学时期没有超前学习，上初中后感觉学习压力较大。虽然有些无奈，但是我们都不后悔此前的选择。月月特别豁达，发自内心地认为考试成绩只是学习的目标之一，不是全部。月月更愿意多阅读，多提升自己的思维能力、创造能力。

所以，如果你的孩子在学习之外还有富余的时间和精力，我建议你可以让孩子多看书、多开阔眼界，去提升孩子的科学素养、思维能力、创造能力，这些才是真正有益于孩子未来发展的。

---

**小锦囊** 对孩子未来发展真正有益的是较高的综合素质和能力，而不是为了应对考试或竞赛，让孩子过度超前学习。

## 5 怎样辅导孩子写作业？

科学家奶爸说

大家常说："不写作业母慈子孝，一写作业鸡飞狗跳！"我相信很多家长对此深有感触。

那么，怎样辅导孩子写作业呢？我认为关键是帮助孩子解开作业中的困惑点。孩子的困惑，可能是不理解为什么两道很相似的题目，老师在讲解时用了不同的解法；也可能是不了解出题人的真实意图，同类型的题总是做不对。

第一种情况，你可以和孩子一起梳理学过的内容，搞明白每个问题要考查的知识点是什么。有些题目看起来相似，其实考查的知识点是不同的，解法当然也不同。如果孩子不厘清这一点，做题就很容易出错。

第二种情况，你要帮孩子弄清楚出题人的意图是什么。我辅导月月写作业时，遇到月月不会做或是做错的题目，我会让她找出最近一个月做过的所有试卷，把与这道题目相关的知识梳理一遍，找到规律，明白出题人的意图，就掌握了答题的方向，解出答案自然不是难事。

最重要的是，辅导孩子写作业，不要因为孩子不会做而对他发脾气。否则，孩子为了避免被训斥，可能会不懂装懂，导致知识学得不扎实。

小锦囊

耐心地陪孩子找到作业中问题的根源，引导孩子学会分析问题、发现规律、掌握方法，才能帮孩子扫清学习上的障碍。

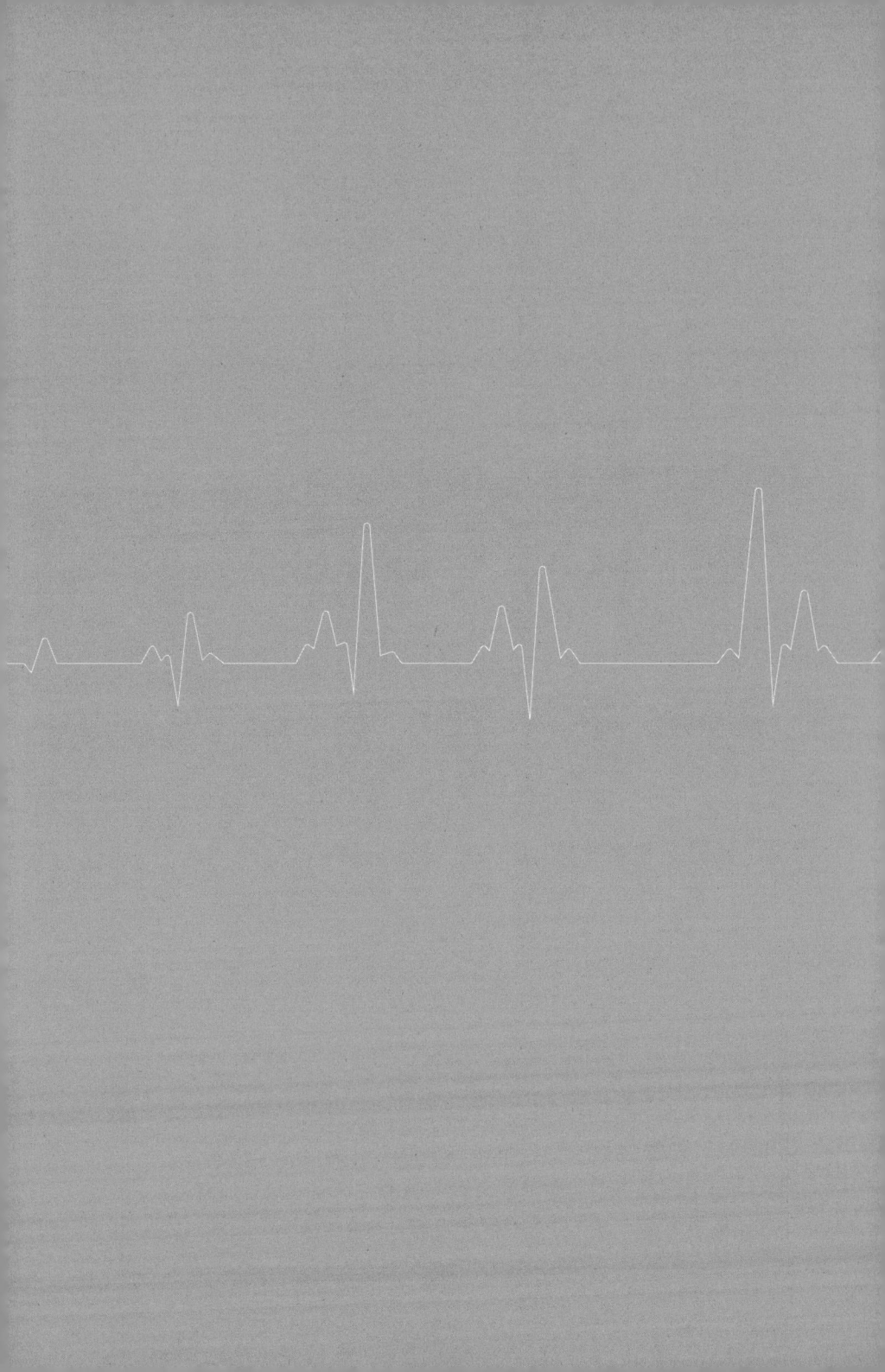

第 2 部分

## 2 人格篇

独立的孩子应该具备哪些人格品质?

我们把一个生命带到世界上来,是要准备培养和他一辈子的关系,是希望他能成为最好的自己。

# 第 1 章
# 孩子不是家长规划出来的"产品"

对孩子的爱,让家长总想把最好的都给孩子:最好的生活,最好的教育,最好的人生……恨不得完美地给孩子规划好一生要走的路,让孩子能少受挫折和打击,过得快乐、幸福。

在这种想法的驱使下,很多家长想尽办法为孩子的成长设定各种任务、制订各种计划,比如:孩子在什么时间要学什么,什么时间用来玩,甚至玩什么,都提前规划好。孩子像是一台机器,完全按照家长设定的程序执行就行了。

身边的很多朋友还为给孩子制订的计划是不是最好的而感到焦虑,他们希望我能为孩子的教育问题提供一些意见。而问题不外乎是:出国读书还是在国内读书好?如果出国读书,什么时候去？去哪里读最好？如果在国内读书，如何能上最好的学校？等等。

可以看出，家长在竭尽全力为孩子设计一条最优的教育路线。而其中蕴含的逻辑，就是更好的教育资源可以为孩子赢得更大的成就、更好的未来。但是，每次我反问他们"孩子自己是什么想法"的时候，他们要么回答不出来；要么说孩子没有想法，都听家长的安排。

如果我们把孩子当成一个"产品"，并要把他打磨得完全符合自己的期望，不仅会让自己心力交瘁，也会让孩子失去自我。如果我们能意识到，我们把一个生命带到世界上来，是要准备培养和他一辈子的关系，是希望他能成为最好的自己，或许我们就不会那么焦虑，而是更愿意耐心地体验过程中的彼此陪伴和成长。

### 孩子的想法比家长的期望更重要

现在很多家长都不清楚自己的孩子在想什么，以及想要什么，而且孩子越大，家长越搞不清楚。在我看来，造成这种情况的原因有两个：一方面是家长平时比较忙，下班后也不愿意跟孩子主动交流，即使偶尔有交流，可能也只是交流一下生活和学习上的问题，很少会有思想和情感上的沟通；另一方面，家长总觉得孩子的想法幼稚，只要孩子按照家长为他规划好的路线图好好努力，就一定能获得一个好的前程和人生。孩子该做的，就是付出自己的全部努力。家长该做的，就是尽一切可能为孩子创造好的条件。内因和外因完美地结合在一起，孩子还有什么理由不成才、不成功？

但我认为，就算是按照完美路线培养出来的孩子，大学毕业走向社会后，也依然需要自己去安排人生。到时候，那些曾经被家长用"规划"教育出来的孩子，就可能会出现各种各样的问题。

我在面试硕士研究生或博士研究生时就遇到过很多这样的孩子，他们的简历看起来光鲜亮丽，个人爱好和经历也很丰富，琴棋书画似乎样样精通。但是，他们的心理素质和抗压能力比较差。比如，我通常先问他们一些跟专业相关的问题，他们的回答跟我预期的有一定差距，我就告诉他们：你的专业知识还需要继续积累，当前的水平可能无法达到我的要求。这时，有的学生就接受不了，不知道接下来该怎么办。还有的学生会让父母，或是托关系找各种"中间人"来打招呼，希望我能做出让步。殊不知，作为老师，这是我最不希望看到的。

这样的孩子，通常是家长提前帮他把方方面面都规划好了，孩子只需要按照父母安排的路线去走即可。但是，在孩子真正走向社会后，有些事情往往并不会按照家长的安排和设想发展。

**教育的过程可以规划，可人生不行。**家长可以把教育路线图规划得尽善尽美，但生活不可能完全按照家长规划好的剧本上演，孩子也不可能成为家长规划出来的"产品"。孩子是一个独立的个体，他会有自己的想法和目标。对孩子一厢情愿的人生规划和准备，要么让孩子变得对家长过分依赖，丧失独立性，甚至埋没才华和天赋，成为一个逆来顺受、毫无主见的人；要么让孩子变得越来越叛逆，故意跟家长反着来，你越让他往东，他就越要往西，反而可能会走更多的弯路，遭受更多的挫折。

在我们家里，月月和心心都是很有主见的孩子，对很多事情都有自己的想法，我们也充分尊重她们的想法。我觉得，我们应该成为孩子成长的力量源泉，而不是让孩子成为我们规划的一部分。**作为家长，我们要做的是引导孩子根据自己的想法和个人特质，形成独立的人格，发展出属于自己的个性。**我们只给孩子一些原则性的引导和规范，以及为孩子做好榜样，然后允许和鼓励孩子自由地成长，自由地发展。

## "放任"让热爱自由生长

在我小时候,我的爷爷奶奶、爸爸妈妈对我的教育通常是只管原则性的大问题,其他方面会给我很大的自由。无论我喜欢什么,只要是在原则范围内的,我都可以去做。在这种环境下,我小时候做了很多其他孩子做不了的事情。

我从小就喜欢手工,哪怕是看到一些很普通的东西,也会大开脑洞,想用它们创作点什么出来。比如在小学时,我看到一块有 12 个大圆泡的胶囊铝箔板,马上联想到十二生肖,于是就尝试在上面微雕了 12 个生肖的图案,把它做成了一件工艺品。还有一次,我发现很多书和画报上面都有姿态各异的大熊猫图案。于是,我找来大量白纸,把它们用胶水粘起来,形成一张长长的画纸。接着,我在上面画上几十个不同形态的大熊猫,创作成了一幅数米长的熊猫画卷。

到了初中后,我还做过很多更加复杂的创意作品。比如,我做过一件比柜子还要大的可以投币的游戏机,不但可以投币玩射击游戏,还能根据射击结果赢取奖励的钱币,其中的游戏机电路、电子控制系统和机械退币装置都是我自己设计的。我还通过自制电动机,制作了遥控的直升机模型,以及可以变形和发射导弹的擎天柱。在 20 世纪八九十年代,没有培训班,没有网络购物,我都是靠兴趣驱动、长期坚持和想尽办法来收集原材料和动手制作的。

在制作这些东西时,我的家人从不干涉我,也不会评价我做的事情是不是"有用"、会不会影响学习。但我自己很清楚,我喜欢做实验、喜欢动手,在把头脑中的一个个创意按照项目的方式,变成一个个成果之后,我也获得了很大的成就感和满足感。

当时,我在课堂里能学到的很少,基本支撑不起制作这些东西所需要的知识。更多的时候,我都是在没有他人指导、没有例子参考、没有网络可以快速获取资源的情况

童年时期的王元卓给妹妹做布娃娃

下，通过到图书馆查询各种书，或者看报纸、杂志等各种途径学习、探索，一点一点动手实践，最终把创意变成现实的。这些经历，对我后来面对问题时的思维方式和处事方法都有很大的影响。而在做这些事的同时，我的课内成绩也一直都是名列前茅。

现在回想起来，恰恰是小时候这些丰富的、自由生长的经历，让我的童年乃至整个人生都感到非常富足，也让我学会了独立思考、自己做决定，以及学会为自己的选择负责。当然，家长的"放任"也不是完全对我不管不顾，在我成长的大方向上，他们还是有一定规划的。

## 给孩子规划人生，不如帮孩子形成好素养

在孩子幼年时期，无论家长有没有为孩子进行教育规划，孩子的人生中都可能会出现一些我们无法预料的事情，能确定的事情十分有限。在这些有限的、能确定的事情中，家长要做的就是为孩子的人生定向和定调，帮助孩子形成能够受益一生的素养。

所谓定向，不是说我们要给孩子规划一条具体的成长和发展道路，将孩子打造成一件我们期望的"产品"，而是要引导孩子积极去探索和发现属于自己的美好人生。比如，鼓励孩子强健体魄、充实头脑、完善心智、管理情绪，努力做更好的自己。这应该是孩子成长的大方向。在孩子成长的过程中，我们也不要过分担心孩子会走弯路或遭受打击，因为这是一个人成长的必经之路。有了这些经历，孩子才会真正获得身心的成长和精神的完善。

所谓定调，就是要注重保护孩子快乐的天性，培养孩子平和积极的心态，引导和鼓励孩子在人生的任何境遇中都能坦然面对。取得成绩时，要戒骄戒躁；遭遇困难时，少些怨天尤人。人生本就是一种历练，无论孩子的未来有怎样的经历，都要让他怀着一种积极向上的心态，相信所有的得失和成败都会给自己带来学习和成长。相信爱，相信美好，孩子的人生才会获得更多爱与美好的可能。

给孩子合理的定向和定调，让孩子在成长中拥有更多的自由和选择，抹去被家长规划和设计的痕迹，最终成为自己人生的主人。同时，孩子也更容易激发出内心的力量，寻找到真正属于自己的风景。

# 第 2 章
# 让孩子自由地发展个人能力

## 第 1 节　传自家庭的教育智慧

从前几年开始,"放养教育"悄然兴起,不少家长都觉得现在的孩子压力太大,希望孩子能拥有一个开心快乐的童年,让孩子放肆地玩耍,认为这样才是对孩子最好的爱。

但是,放养教育并不等于放纵孩子、任由孩子野蛮生长,而是让孩子在遵守规矩和原则的前提下释放天性,自由地成长和发展,养成良好的生活和学习习惯,拥有健康的身心和优秀的品质。如果对孩子只是放纵,没有约束,孩子想干什么就干什么,想得到什么就得到什么,那会给孩子的成长带来极大的隐患,也会让家长面临巨大的教育阻力。

我认为，真正的放养教育，"放"指的是给孩子松绑、不束缚孩子，从而让孩子形成更高的眼界和更大的格局；"养"则是培养孩子良好的习惯，锻炼孩子各项能力，让孩子在遵循必要原则的基础上，获得思维与个性的充分发展。

回想我的成长过程，我的家人在无形之中便做到了这些，让我有了一个快乐而又充实的童年。他们知道我喜欢动手搞各种发明创造，所以一直很尊重我的爱好，也愿意给予我比较充分的自由和成长空间，很少会用各种条条框框约束我，也很少要求我的学习成绩必须达到什么程度。实际上，我没有因为家人对我的"放养"荒废学业，相反，我的学习成绩一直很好。现在回想起来，我觉得恰恰是那些自由的时光和探索的热情，激发了我的生命力和内驱力，促使我将更大的热情投入学习和探索当中。这样一来，不但我的学习效率得到了提高，而且我的各方面能力也得到了很好的发展。

当我自己成为爸爸后，我也希望把这种家庭教育的智慧运用在我的两个女儿身上，让她们也能像我小时候一样，可以快乐地成长，获得个性的自由发展。

## 让孩子的个性自由发展

应试教育给孩子带来的一个大问题就是：家长和孩子过分关注成绩，而很少关注孩子自身的成长。孩子不了解自己是什么样的人，也不知道自己真正想要成为什么样的人；家长不了解孩子的秉性和志愿，喜欢一厢情愿地去插手、干涉孩子的选择。结果，这样培养出来的孩子缺乏主见，做什么事都只会随波逐流。这往往会给孩子带来长远的影响，即使孩子长大成人，也可能会缺乏独立意识，做事被动，遇到问题会过度犹豫，甚至因此而错失很多好机会。

我在教育和陪伴两个女儿的时候，会经常特别注意对她们个性的培养，尽可能地给予她们成长的空间和自由。

首先，我不会把她们的时间都占满，让她们有比较充裕的时间了解自己要什么、打算做什么、未来想怎么样。我也会鼓励她们有创造性地去实现自己的一些想法，让她们的个性得到舒展。要知道，如果孩子没有自己的时间和空间，就算孩子有再多的想法也没用。

其次，如果她们对一件事感兴趣，那么她们会尽快完成基本作业，然后去做自己喜欢的事情。这对孩子自身驱动力的提升是非常重要的。

玩也是孩子的一个学习过程，那些会玩的孩子，总是会变着花样去玩，任何东西到他们手里都能为其所用，玩得很开心。这个过程在很多大人看来可能是在浪费时间，其实孩子能从中学到很多东西，也能锻炼很多能力。比如孩子玩的时候很专注，就能锻炼他的注意力；孩子总能玩出新花样，就能锻炼他的创造力；孩子和伙伴们一起玩得开心，就能疏解他的情绪，还能锻炼他的社交能力、团队合作能力等等。

现在，很多孩子在步入大学之前可以说是毫无准备，大部分的能力都围绕着考试，这是不够的。我认为一些基础的能力训练，包括思维能力、创造能力、分析解决问题的能力、自己做决定的能力、自我负责的能力等，让孩子越早锻炼，效果越好。因为到中学后，孩子可能就没有那么充裕的时间去接受培养了。并且，这些能力对孩子的学习和考试也大有帮助。从小培养孩子的这些能力，还可以帮助孩子长大后更顺利地步入社会、更好地从事工作。

我的两个女儿平时想玩的时候，我会积极给予支持，允许她们自己决定玩什么，以及自由发挥该怎么玩。同时，我也会和她们提前沟通几个关于玩的原则性问题。比如基本的是非观，你要知道玩什么是对的、玩什么是错的；很好的时间管理概念，你要知道什么时候该做什么事情，什么时候玩、玩多长时间。我还会引导她们,如果能把玩跟学结合在一起,那将会是一个非常完美的过程。最重要的是,我希望她们能根据自己的兴趣和爱好多进行尝试。

## 多让孩子体验丰富的生活

在女儿们的成长过程中,我希望她们可以接触到方方面面的东西。我只要有时间,就会带她们去体验不同的活动、接触不同的事物,比如和她们一起进行各种体育运动、一起在家里的墙壁上画画……还会带着她们做手工,用竹片和彩纸制作风筝,过年时用彩纸剪窗花,过生日时一起动手做蛋糕,用废弃的布片缝制老虎玩偶,等等。有一次,在菜地里看到了蝈蝈儿,我和女儿们一起用竹条编了个蝈蝈儿笼,抓了几只蝈蝈儿放进去养,她们兴致勃勃地观察了蝈蝈儿的生活习性。我属于什么东西都愿意学,而且学着学着就想自己动脑动手创作的人,这是我从小养成的习惯,从中获益匪浅。现在,我也把这种习惯"传递"给女儿们。

在和孩子一起玩的过程中,我通常会认真观察她们对哪方面更感兴趣,更喜欢做什么。如果发现了她们的兴趣点,我会采取一些方法去继续激发她们的兴趣。

有一次，我和心心聊天，说起她从出生到8岁之前都去过哪些城市，一边说一边在纸上画了张草图。心心很感兴趣，不停地问我曾经的各种见闻。为了让心心对中国的各个省、市有更加直观的概念，我便认真地在绘图纸上画了一幅简单的中国地图。心心一看，更有兴趣了，立刻也拿起笔，在我的指导下，自己在地图上画出了每一个省、自治区、直辖市的大致轮廓，还标注出了省会和主要城市。这样一来，我再讲起她去过的地方，她就更有直观感，印象也更深刻了。

看着兴奋的心心，我突发奇想地问她："要不要画一张很大的世界地图？""好！"心心立刻赞同了我的提议。于是，我们俩出门买了一张比一开纸还要大的白纸，然后一起做了一个绘制世界地图的计划。

要想把地图绘制准确，就必须一直查阅经纬度坐标和详细的地图册，这是一个"大工程"。为了能顺利完成，我和心心做好计划，每天一起完成一小部分：可能是一片大洋，也可能是几个国家。不管绘制到什么地方，我们都会一起翻阅相关的资料，比如《这里是中国》《世界地理百科》。如果她特别感兴趣，我们就停下来，找到相关的视频或电影看一下。

这样坚持了一个多月，心心感受到了世界的广阔，也了解到了世界上的很多重要国家、城市、山川和世界之最等。这张地图现在就挂在我们家的墙上,孩子们每天经过都会看几眼。电视节目或新闻里提到某个区域、某个国家,孩子们会跑到地图前指出它在什么地方,讨论一番。

当女儿们的兴趣被激发起来后,这件事在她们的大脑中就会占有很大的空间,她们也会自己去挤时间完成这件事情。这时,我再给她们一些鼓励、一些帮助,她们的积极性就会更高。而当她们顺利地完成一件事或一个作品后,我又会想方设法帮她们去展示自己的成果,让她们收获成就感、提高自信心。孩子在享受到其中的快乐之后,也会更加积极地去进行下一次尝试,从而形成一个良性循环。

我小的时候就是这样成长起来的,父母对我的各种爱好一直都抱着支持和鼓励的态度,这让我不但体会到了自由成长的快乐,而且从中学到了很多书本上学不到的知识,获得了极大的自信。在这个过程中,父母给予我更多的是引导和帮助,让我去挤时间做自己感兴趣的事。现在我也这样培养自己的孩子,尤其在知识层面,只要她们做了一件之前没有做过的事,选定了目标并动手实施,最后产生一个结果,不论这个结果是好、是坏,就是一个有意义的创造过程。这个过程不仅可以锻炼孩子的动脑、动手能力,还可以让孩子获得丰富的体验感,对生活产生更多的热爱和美好的期待。

## 可以"不拘小节",但要坚持"大是大非"

在我所受的家庭教育中,除了"大是大非",我的父母都不太干涉我其他事情。"大是大非"属于原则问题,涉及对我的道德修养、礼仪、规则等方面的培养,父母在这方面对我要求非常严格。比如,从我很小的时候起,父母就告诉我要尊重他人、不能乱动别人的东西,待人接物和逢年过节时应该注意哪些礼节,等等。总之,是以"立德树人"的家庭教育理念,通过潜移默化、寓教于乐的教育方法,帮助我养成优良的品德。

成为父亲以后,我对女儿们的培养也是如此。在一些小问题上,她们可以"不拘小节",适当放松,哪怕犯一点小错误,都不是什么大问题。比如,她们可能会贪玩,沉迷电子产品,学习时会偷偷"摸鱼"……这些都是孩子成长过程中避免不了的情况,小孩子哪有不爱玩的?

当然,对孩子的这些情况也不能完全听之任之、放任不管,那可能会使孩子养成一些坏习惯,甚至有一天做出违背原则的事情来。

**当孩子出现不好的状况时，我的办法是先跟孩子做朋友，进行心灵上的交流。** 我会弄清楚孩子到底是怎么想的，她们有什么需求，是什么导致她们养成了不好的习惯，她们的情绪为什么低落，我能做些什么帮助她们解决问题。

经过深入沟通，我拉近了与孩子们的关系。在她们心里，我是个能理解她们的爸爸，我能帮她们解决难题、摆脱烦恼，而不是个发现问题就去质问、斥责她们，让她们感到压力、想要远离的家长。

**任何问题都可以用温和的方式化解，特别是面对孩子。** 发现孩子一些不太好的行为时，我们不要强硬地要求孩子立刻改掉，而是要耐心地引导。

月月小时候喜欢咬手指，我们提醒她多次也没效果。后来我发现，她喜欢看《快乐大本营》这个电视节目，于是我引导她去关注节目主持人和嘉宾的言谈举止。比如，跟她说："你看这个嘉宾姐姐，她在说话或唱歌的时候习惯把手放在这个位置，这看起来很优雅。""这个主持人姐姐很会调动现场的气氛，她的肢体动作有些夸张，却一点都不过分，反而让人感到非常快乐。"她很乐意去模仿"偶像"的姿态，变得会注意自己的举止，之后慢慢就改掉了咬手指的习惯。

心心害怕打针，学校组织打疫苗，老师要求自愿选择是否接种疫苗。心心对这件事非常抵触，不愿意接种。在这种情况下，我们没有强迫孩子去打针，也没有只听孩子的直接放弃接种，而是把接种疫苗的原理、接种疫苗的好处，以及不接种疫苗可能产生的后果都讲给她听，然后再一次把决定的权利交给她。同时，我也告诉她："你可以自己做决定，但只要做了决定，就要对自己的决定负责任。"心心经过认真思考，战胜了自己心里的恐惧，最后决定接种疫苗。

著名教育家陶行知先生认为：孩子的成长和发展需要有一个宽松的、开放的、积极的引导环境，需要在父母的热切期望和等待中来迎接孩子的成长。事实上，孩子自己也有一定的明辨是非能力，我们把做每件事的利和弊都告诉孩子，也把决定权交给孩子，孩子通常都可以做出比较正确的决定。这样的方式不但能锻炼孩子的判断能力和决策能力，而且能让孩子体会到自己做决定的重要性。同时，更能让孩子意识到，自己的人生中什么事是应该做的、什么事是坚决不能做的。

孩子一生的模样，也许就是从家长的教育理念开始塑造的。我曾在网络上看到这样一个问题：父母在家庭教育中应该扮演怎样的角色？其中一个得到最多赞同的回答是：合格的父母，应该是孩子知识的启蒙者、言行的示范者，以及一个知心的朋友。在我看来，这个回答特别好。父母不仅要教孩子学习知识、掌握技能，还要给孩子做好榜样。有时你跟孩子说的话，他不一定懂，但你在孩子面前做的事，他一定会学着去做。比如在吃饭时，请长辈先入座、先动筷子；如果爸爸要晚点回家不能一起吃饭，那就先把饭菜盛出一份，留给爸爸……久而久之，孩子看得多了，自然慢慢就能明白，也会学着做，并养成习惯。

许多教育理念，家长很难用几句话跟孩子讲清楚，孩子也很难理解并接受。但是，只要家长以身作则、用潜移默化的力量引导孩子，孩子就一定会发生改变。周国平老师曾说："真爱孩子就应当从长计议，使孩子离得开父母，离了父母仍有能力生活得好，这乃是常识。"孩子不可能一辈子生活在父母的羽翼之下，父母能够陪伴孩子的时间很有限。在这有限的时间里，希望父母能够尊重孩子的选择，教会孩子做自己的主人。更希望父母通过言传身教的方式，陪伴孩子养成良好的习惯、形成优秀的品德，让孩子真正成为一个有热爱、有原则、有正确价值观，又拥有自由心灵的人。

## 第 2 节　允许孩子有情绪

每个人都是有脾气的，孩子也不例外。很多家长可能最害怕的就是孩子发脾气、闹情绪，甚至在孩子闹情绪时，还会下意识地制止孩子、批评孩子。

孩子有情绪是再正常不过的一件事了。有情绪，说明孩子在感知周围的一切，并且愿意把自己的感受表达出来。如果孩子什么都不愿意表达，有什么想法、感受都憋在心里，我们怎么了解孩子？孩子遇到真正的难题时，我们怎么帮助孩子解决？

**想要真正懂孩子，就要允许孩子有情绪，并且允许孩子用自己的方式释放情绪。** 如果孩子表达情绪的方式不恰当，我们可以趁机引导孩子学会管理自己的情绪，用恰当的方式释放情绪、缓解压力。

在月月成长过程中，我惊喜地发现，她不但拥有接纳情绪的能力，还会恰当地表达自己的情绪。更令人欣慰的是，无论什么情况，她都能客观、真实地认识自己，理解别人，做出恰当的选择。她的这种特质，非常珍贵。

同时，我也在不断思考：作为家长，当孩子产生情绪时，我该如何摆正自己的位置？或者说，我能为孩子做些什么？

## 善于觉察孩子的情绪

在孩子成长过程中，家长扮演着重要的角色，其中一项关键任务就是要善于觉察孩子的情绪，关注孩子的情绪变化。大多情况下，孩子遇到问题或困难，会通过各种方式流露出一定的情绪，有时可能表现得没有那么明显，比较隐晦。这就需要家长细心一些，留意孩子的情绪。发现孩子情绪异常，家长要根据实际情况，运用恰当的方法来应对。

月月初中时期，有一次学校评选红领巾奖章。我们觉得这是一件没什么压力的事情，因为月月在班里一直担任班长，经常为班级的各种事情操心，对同学友好又热情，非常愿意帮助他人。上一个学年里，她获得了"三好学生"、优秀学生干部等很多荣誉。所以，这次的红领巾奖章评选，我们并没有特别在意评选的结果。

然而，结果却出乎我们的意料。

那天放学，我接月月回家。她从学校出来时像往常一样，跟同学们有说有笑，轻松又阳光。上车后，月月突然轻描淡写地跟我说了一句："红领巾奖章我没选上。"

当时，我从后视镜里观察了一下月月的表情，她多少有些失落，但还是很坦然。我并没有急着问她来龙去脉，也没有问她的想法和感受，而是继续保持倾听的状态。月月是个善于主动表达的孩子，给她留出足够舒适自由的空间，会更容易听到她心底真实的声音。

一路上，我们没有再继续谈论这件事。然而，回到家见到了妈妈，月月一下子就绷不住了。

"这次投票，很多女生故意不选我。"月月把自己觉察到的问题说了出来，"她们跟我关系都挺好的。但投票的时候，她们却互相投起票来，故意不选我。"

"嗯。"我应了一声，继续安静地听着。

"说实话，我很理解她们。因为我们都是候选人，互相之间是有竞争关系的。如果她们都选我，我肯定会被选上，但那样她们就都没有机会了。她们都不选我、互相选的话，每个人反而更有机会。"月月平静地分析着，听起来很客观。

"那你生气吗？"我没有急着去评价或表态，而是先确认她的情绪。

"不，我不生她们的气。谁不想多拿奖呢？就算她们没给我投票，我也还是会把她们当朋友。另外，班里的男生肯定大多数也没选我。"

说到这里，月月眼圈有一点红，明显是带着情绪的。

"他们不希望荣誉都让我一个人占了,所以故意不让我选上。但他们不能嘲笑我落选了……"

听到"嘲笑"两个字,我的心里"咯噔"一下,看来这才是月月有情绪的真正原因。

"我真的想不明白。我每天帮助老师管理班级,也是为了同学们能有一个良好的学习环境。难道他们真的不知道我是在帮助大家吗?他们不选我也没关系,我并不会怪他们,可他们为什么要嘲笑我……"

说到这里,月月的情绪开始有些激动。可能是怕我们担心,她努力克制着。

我相信,不同的家庭,面对孩子遇到类似月月这样的问题时,会有不同的应对方式。比如,有的家长会认为自己的孩子受到了不公平的对待,表现得义愤填膺,觉得这样是在跟孩子"共情";有的家长会觉得自己的孩子"玻璃心",没必要把荣誉看得太重,把学习搞好就行了;还有的家长可能会安慰孩子几句,再鼓励孩子下次争取机会。

不能说这些方式不对,但我觉得,家长最好不要用自己的理解去帮孩子处理情绪,比如安慰孩子、给孩子讲道理,或者直接跟孩子"硬碰硬"。如此一来,孩子表面上可能没事了,其实内心那股情绪依然存在。"情绪垃圾"没有清理出去,越积越多，反而容易导致不好的结果。

当孩子有情绪流露，或者表达自己的情绪时，家长应该先为孩子提供一个相对安全、舒适的环境，让孩子敞开心扉，说出自己的感受。在倾听过程中，家长要保持耐心，不要随意打断孩子，也不要将自己的情绪和感受强加在孩子身上，而是让孩子尽情地、真实地表达自己。等孩子全部表达完之后，我们再根据实际情况来处理。

## 理解并接纳孩子的情绪

情绪是一个人自然产生的、对周围事物的主观感受，没有好坏、对错之分。对待孩子的情绪，我们首先要允许它存在，其次是理解和接纳孩子的情绪。让孩子知道，不管他表达出来的是什么样的情绪，我们都不会制止他、打击他，更不会嫌弃他，我们能够理解他，能够真正与他共情。这才是孩子最需要的。

拿月月评选红领巾奖章这件事来说，她在路上并没有向我展现出太多的情绪，可是回到家见到妈妈后，她眼睛突然一红，一下子就哭了出来，边哭边说："我就是想不通,他们为什么要那样对我?我当这个班长,每天要为班级、为他们做好多事……我每天晚上睡得很晚,第二天中午,大家可以睡午觉,我忙得连补个午觉的时间都没有。现在快期中考试了,大家都在复习,可我的时间都被班里的事情占满了……"

孩子哭得很大声、很委屈。但面对孩子的情绪,我和爱人都没有说话,只是陪坐在她身边,让她尽情地把自己的情绪发泄出来。

月月继续向我和爱人哭诉:"他们难道不知道我付出那么多,是在为大家服务吗?就连老师都说,我不是大家的妈妈,为大家做这么多事,大家应该感谢我。我并不需要他们的感谢。我当了班长,就必须做这些事,这是我的责任。可他们为什么要这样对我?……那我就不当班长了。不当班长,我就没有这么多事了!"

很多时候,我们看到自己的孩子情绪爆发,总希望能做些什么。这时,我们一定不要再给孩子添乱,不要在孩子的情绪需要放松调节的时候,用我们自己的情绪、想法和态度去干扰孩子。那样,孩子除了自己的情绪,还要处理和家长的情绪碰撞。这会让孩子从一个需要纾解的状态,转变成一个要多花费精力去应对家长的状态,这是非常不利于孩子平复心情的。其实,这时孩子需要的,往往只是耐心的倾听和坚定的陪伴而已。**我们只需要让孩子知道，什么时候有需要，我们都会在；想要倾诉，我们会认真倾听；有想法、做决定，我们会支持。因为我们在，他的情绪永远有人兜底。**

## 积极应对，形成解决方案

允许孩子有情绪，同时无条件地理解和接纳孩子的情绪，是帮助孩子疏导情绪的第一步。接下来，孩子可能会独立形成一个解决问题的方案，这时才需要家长对其进行实际帮助。

一般来说，孩子在发泄情绪时，说了气话也好，做了冲动的决定也罢，情绪的背后一定也是有理性存在的。如果孩子提出了自己的解决方案，我们应该支持孩子按照自己的想法去解决问题。在这个过程中，孩子如果遇到了困难，或者感到困惑，甚至尝试和探索后再次受挫，无论是否向我们求助，我们都可以有针对性地为孩子提供一些有参考价值的建议。

在月月落选红领巾奖章这件事发生的那天晚上，我和爱人只是安慰了月月，陪她发泄完内心的委屈情绪，没有再做其他。我发现，月月情绪平稳后，开始有条不紊地处理班里的事务，完成自己的作业，以及准备第二天的课程。

我知道,月月吐槽归吐槽,她强烈的责任感是不允许自己真的把班里的工作丢下不管。那天晚上她忙到很晚,直到凌晨一点钟才休息。作为父亲,我一直陪在她旁边。虽然我在做着我自己的事情,但我告诉她:"爸爸会陪着你,你什么时候睡,我就什么时候睡。"

第二天早晨,月月的情绪已经完全平复了,心态也很轻松,跟平常没什么两样。"我不当班长"这种话也没有再提,看来那只是一句气头上的话。

晚上去接月月回家时,我特意观察了一下月月。她前一天的低落、委屈、愤怒,好像一下子都不见了,这件事对她来说似乎已经完全翻篇了。

当然,我觉得这件事在孩子心里不可能毫无芥蒂,它仍然会给孩子留下一段不愉快的记忆,可能会让她重新思考自己与同学的相处方式。但从整体上来说,孩子很豁达、很坦率,也很积极向上。她努力尝试平复自己的情绪,然后回归理性去看待自己的学习和生活,并能够很好地面对和处理。对家长来说,我们已经非常欣慰了。

到了周末,我在家里做了很多好吃的,孩子吃得很开心。趁着气氛不错,我顺势提了一下这件事。因为我也曾有过类似的经历,想着要不要跟月月说说我的感受,表示对她的理解和支持呢?

结果，我话题刚开了个头，还没提自己的经历，月月就挥挥手说："哎呀，都过去的事了！"说完，她继续埋头吃菜，一脸幸福的表情。什么奖章、委屈，早飞到九霄云外去了！

通过月月参加评选红领巾奖章这件事，我更加确定，家长和孩子相处过程中的一个重要原则，就是无条件地信任孩子，做个积极的倾听者和温暖的陪伴者。

月月有情绪时，我没有过度地去回应她的情绪，哪怕内心已经是"惊涛骇浪"，也要表现出平静的态度。因为月月已经是一个初中生了，我相信她可以消化自己的情绪，她需要的只是父母这处安全的港湾，可以允许她无所顾忌地发泄自己的情绪。除了陪伴，她并不需要从我们这里获得其他的东西。

反之，如果我过度地去回应月月，比如，我表现得比她还气愤，或者一个劲儿地追问她是不是有什么做得不对的地方，再或者一味地给她灌输自己的观点、教育她应该怎样做。试想一下，这样一通操作下来，月月哪里还有发泄自己情绪的空间？她的安全港湾不但没有了，还要应对我带给她的情绪风暴，情况变得更糟糕了。

总而言之，家长在和孩子相处过程中，既要允许孩子有情绪，也要理解和接纳孩子的情绪。更重要的是，家长要把握好自己的界限，给予孩子一定的空间。尤其在孩子有情绪的时候，家长要懂得适可而止，跟随孩子的脚步，而不是对孩子步步紧逼。即使你可以做得更多，也要学会克制，尽可能和孩子保持"一伸手就能够得到"的距离，让孩子心里知道，如果他需要帮助，一伸手就能够得到你。如果你离孩子太近，逼得太紧，孩子反而为了自己的空间去躲避、挣扎，说不定会离你越来越远。

只有让孩子的情绪得到释放，让孩子自由自在，孩子与我们的关系才会更加和谐。更关键的是，孩子自己也能慢慢学会管理情绪，提升自己的情绪管理能力。

## 第3节 不断迎接挑战是锻炼心理素质的最好方法

我跟一些朋友或家长聊天时，经常聊到一个话题，就是现在很多孩子的心理素质太差了。有位家长跟我倾诉了这样一件事：孩子正在读初三，平时的单元测试、月考、期中考试成绩都很优秀，在班里能排进前三名。有时孩子还会代表学校参加校外比赛，取得的成绩也都不错。但是，只要一到期末考试、选拔性考试等大型考试，孩子的成绩就一落千丈，与平时的成绩产生巨大落差。这位家长问我，孩子到底是怎么回事？

我觉得，这个孩子的情况应该属于考试焦虑一类的心理问题，更准确地说是心理素质问题。孩子心理素质的高低，一般不像学科考试那样能随时了解。在正常情况下，考试成绩应该与孩子的日常学习状况具有较高的一致性。孩子在平时的考试中没什么压力，能够发挥良好，这说明孩子的能力是没问题的。但是，到了大型考试，孩子有了心理负担，自然会影响发挥。"平时都很好，一考试就不行"，或是超水平发挥的"黑马"，大多数这类情况反映的都是孩子的心理素质问题。

所以，我当时建议这位家长多跟孩子沟通，并通过一些有效的方式锻炼孩子的心理素质，让孩子慢慢消除对重要考试的心理恐惧。

实际上，培养孩子良好的心理素质并不是一件容易的事。心理素质是一个人整体素质的基础，它常常会影响一个人各方面能力的发展。对孩子来说，良好的心理素质可以帮助他在成长的道路上保持健康的心态，勇敢地面对挫折。心理素质差的孩子，容易受到外界环境的影响，面对挫折时常常畏缩不前。未来，孩子在遇到更大的困难或问题时，往往也难以从容应对。

在家庭教育中，我一直很重视对两个女儿心理素质的培养。抓住日常生活中的机会，引导孩子不断迎接挑战，不失为培养和增强孩子心理素质的一个很好的、很有效的方法。

## 帮孩子实现一个个小目标

我从小就喜欢给自己设定各种小目标，现在也习惯这样引导女儿们。首先，我鼓励她们给自己设定一个小目标；然后，我和她们一起制订计划、分解目标；最后，我陪着她们一起克服困难、实现目标。当她们顺利地完成计划和挑战时，往往会从中获得成功的愉悦体验，为她们迎接下一次更高难度的挑战增强信心、提升勇气。

北京市科学技术协会和抖音平台等联合打造了一部"十万个为什么"系列视频，采取"一问一答"的方式，向观众分享科普知识。项目负责人找到我和心心，希望我们参加录制。

当我把这件事告诉心心后，心心没有马上答复我，也没反对。我看得出来，她想参加，可是担心自己做不好。于是，我就对她说："我们试试吧，爸爸会帮助你。"就这样，我们达成了约定。

我们需要拍5条视频，工作人员提前给了我们文字内容，拍摄时心心要对着摄影机讲出来。这5条视频需要一次性拍完，之后再补拍5条拍摄过程的视频。这让心心有了很大压力，她担心自己不能一次性把5条视频的文字都准确地讲出来。

为了帮助心心克服困难，我和她一起把这个大目标分解成小目标。我们先把5条要拍摄的内容逐条"搞定"，再综合起来一起讲出来。在这个过程中，心心总想把每条视频的内容都准确无误地背下来，希望做到最好，这让她的压力更大了。我对她说："这跟你平时拿着平板电脑拍视频没有太大区别。你就当现在是对着平板电脑的镜头，跟爸爸说出来你背好的台词就可以了。"在这样的心理引导下，她的紧张情绪缓解了不少。

到了视频约定拍摄的时间，拍摄团队来了。工作人员有的帮我们换衣服、化妆，有的准备音响、灯光、架设拍摄机位，阵仗不小。我看着心心，心里略有些紧张，担心她会害怕、突然变卦。没想到心心表现得非常平静，她甚至主动走到机器旁边观察了半天。

正式拍摄时，心心已经放松下来，一点也不怯场，每条视频只拍摄一遍就通过了。到后面补拍过程的时候,她完全是轻松自如地发挥了。

这件事让我意识到,有时我们需要给孩子提供一些挑战,让他去尝试更多的可能。在面对挑战,孩子不知如何应对时,

王元卓和女儿心心一起录制视频

我们要帮助孩子学会分解目标。不能说明天要上台表演了，你今天才告诉孩子，不给孩子充分的准备时间，必然会使孩子紧张得不知所措，挑战最后很可能以失败告终。这种"挑战"不但不能增强孩子的心理素质，反而还会打击孩子。

面对要挑战的事情，我们可以与孩子一起把大目标分解成一个个小目标。就拿我和心心准备拍摄视频来说，我们会先把要录制的内容熟练掌握，再讨论面对摄影机时该怎么做动作、怎么流畅地表达，最后是反复练习。当把这件事分解成一件件小事时，它看起来就没那么复杂，孩子担心、紧张的情绪自然也能得到缓解。并且，在这个过程中，我一直陪着心心，与她一起承担，让她更有勇气面对挑战。

通过实现一个个小目标，孩子能够不断提升自信，为他今后接受更大的挑战奠定基础。

## 和孩子并肩作战，是对孩子最强大的支持

比起监护人和指导者，孩子更喜欢与他并肩作战的"战友"。每一个优秀孩子的成长，背后都离不开与他并肩同行的家长。在孩子成长过程中，家长和孩子一起成长、共同进步，

**就是对孩子最强大的支持，能让孩子拥有更大的勇气去面对成长中的各种挑战。**

月月 7 岁的时候，要参加一台新年晚会的表演。她以往的表演都是弹钢琴，那次她想有些新意，于是跟我商量，能不能和我来一场亲子组合表演，由她来弹琴，我来唱歌。我觉得她的提议很好，欣然同意，并选择了《时间都去哪儿了》这首歌。

没想到的是，我们刚开始实施计划，就遇到了很大的困难。我们在书上和网络上找到的这首歌的钢琴谱都非常专业，月月弹不了。于是，我尝试着帮月月改谱子，一边请教专业的音乐老师，一边把钢琴谱一行行地改成她能看得懂的谱子，再让她试弹。这中间，我们俩经过了多次激烈的争论，好在最后顺利地改好了钢琴谱。

接下来，我们又遇到了一个难题。临近表演，我的嗓子突然发炎了，不停地咳嗽，连说话都困难，吃药也不管用。为了不让孩子失望，我始终没有放弃。直到晚会表演的前两天，我们再次修订了谱子，加上了歌词。因为担心试唱会导致我的嗓子彻底变哑，为了保护我可能仅有的声音，我们一直到登台表演都没有合练过一遍。

庆幸的是，月月的演奏很精彩，我的演唱也算过关，我们第一次合作表演顺利地完成。后来，跟朋友们聊起这次表演,他们得知我和月月一次都没有合练过就上台表演时,简直不敢相信。这样的结果令我和月月非常开心,因为我们都勇敢地挑战了一次自己,还顺利地完成了这次挑战。

作家三毛通过散文《守望的天使》向我们传达:每个人生命中最真诚、最无私的天使就是自己的父母,他们一生都在竭

王元卓和女儿月月同台表演

尽全力为孩子遮风挡雨。

我很喜欢这篇散文,也一直希望自己能够做一个为孩子遮风挡雨的天使。孩子面临挑战和遇到困难时,我能够和孩子站在一起,共同去迎接挑战、克服困难。也许,我不能帮助孩子解决所有问题,但孩子能获取一些力量和勇气,产生自己努力面对挑战的动力。更重要的是,通过这样的合作,孩子可以体会到有伙伴并肩作战的乐趣,以及共同战胜困难的成就感,内心也会因此而变得强大。

## 鼓励比批评更容易让孩子明确方向

当孩子表现好的时候,我们一定不要吝啬自己的鼓励和表扬。但是,孩子在成长中也总有表现不那么好的情况,比如做事拖沓、不够勇敢、心理脆弱等。当孩子做得不是很好,或者犯了错、出现一些问题的时候,有些家长就会"恨铁不成钢",忍不住严厉地批评孩子,试图通过这种方式来纠正孩子的错误,让孩子变得更"规矩"一些。

如果孩子确实犯了比较严重的错误,适当批评无可厚非,但教育孩子不能一味地批评和否定。任何事情都存在两面性,出现问题的同时一定也有积极的一面。我们要做的，就是找到这些积极的因素，有针对性地给予孩子具体的鼓励，而不是直接且粗暴地指出孩子的问题和不足。如此一来，孩子才能知道自己在哪些方面可以继续坚持，他才会明白，下次再碰到类似的情况，只要坚持、努力，就有成功的可能。孩子的很多优秀品质，就是这样一点一点形成的。

月月从4岁开始学习弹钢琴，一直坚持到9岁。在这5年时间里，我和爱人每周都会开车送月月到琴房找老师上钢琴课。

一开始的时候，我本着学钢琴就是培养孩子的音乐素养、丰富兴趣爱好的一个途径，不要求她考级，也不要求她去参加比赛。但是月月学着学着，我发现了一个很令人头疼的问题：月月的确喜欢弹钢琴，可她不愿意每天坚持练琴，达不到老师对她的课业要求。学钢琴是需要练习的，没有足够的时间投入练习，就很难实现水平的提升。

为了督促月月练琴，我和爱人总是批评她，说她偷懒、不用心，家里几乎天天都充满了不和谐的声音。可是，这样的批评不但没有让月月变得积极起来，反而让她对练琴更加排斥。

经过一段时间的观察和反思，我认为必须换一种方式来解决月月的问题。我跟爱人沟通后，觉得通过让月月参加比赛和登台表演这类契机来激励她主动练琴,可能会有效果。于是,我开始鼓励月月报名钢琴比赛,或是参加表演,月月欣然接受了我的提议。

之后,我每年都尽可能地帮月月搜寻比赛信息、争取表演的机会。为了能赢得比赛,或者在表演中表现更出色,月月开始认真练琴。每一个小目标的实现,都成为激励她坚持练琴的直接动力。尤其在看到自己越来越多的奖项和表演的照片时,她练琴的动力更足、自信也更多了。

认真练习弹钢琴的月月

受传统教育观念的影响，很多家长对孩子表达关心和期望时，不是鼓励和表扬孩子，而是习惯用批评，甚至打压的方式去教育孩子，纠正孩子的错误。通过我的亲身经历，我想告诉家长朋友们，这种方法是很难发挥正向效用的。

心理学上有个概念叫"自证预言"，意思是说，如果家长总是批评孩子，孩子大脑中就会产生"我很糟糕""我不行"等观念，并且会用各种行为去"证明"家长的话。结果，导致孩子大脑"变笨"，整个人还可能变得脆弱、自卑，心理素质也越来越差。

相比之下，鼓励更容易给孩子信心和勇气，帮助孩子找到目标和方向。**孩子都渴望被认可和被赞赏，这种正向反馈能帮助孩子建立起对自己的积极评价，还能让孩子更有勇气去克服困难。**

总之，在孩子成长的过程中，需要家长的陪伴与参与。我们不仅要保证孩子的身体健康，还要帮助孩子建立强大的心理素质，让孩子拥有积极、乐观的人格特质。孩子日后无论面对新的环境，还是面临学习或工作中的挑战，都能从这份强大的心理素质中受益无穷。这也让我想起了世界顶级运动员张怡宁曾说过："巅峰较量进行到最后，胜利往往属于心理素质更稳定、更强大的人。"

当然，要培养和锻炼孩子的心理素质并不是简单说说就可以了，需要我们有意识地给孩子设定一些小挑战、小目标，鼓励孩子克服困难、战胜挑战、实现目标。必要的时候，我们还要和孩子站在一起，做孩子的"战友"，共同面对挑战。在这个过程中，即使孩子犯了错，或者迷失方向、失去信心，我们也不要打击孩子，而是多用鼓励代替批评和指责，给予孩子充分的支持和充足的安全感。我们要让孩子知道，他身后永远有家长的支撑，孩子才会有勇气和动力去迎接更多的挑战。

## 第4节　相信孩子会为自己负责

我们在网络上经常看到很多家长教育孩子的"笑话"，比如爸爸辅导孩子写作业气出了"心肌梗死"，妈妈为孩子生气时不停地默念"是亲生的"来让自己平稳情绪。家长总是不可避免地为孩子的学习成绩、生活习惯、性格养成等操心，这是为孩子的成长负责，所以不管多生气、多无奈，家长都会尽心尽力地去"管"孩子。

事实上，这也许并不是最有效的教育方式。作为家长，我们可以对孩子多放手一些，也多放心一些，给孩子一个轻松的成长环境，让孩子形成对自己的管理能力。也就是说，我们要相信孩子有能力，也相信孩子愿意为自己负责。

当然，这种信任需要慢慢观察和培养。从孩子小时候开始，我们就要让孩子多参与自己人生的各种选择，为自己的学习、做事方式、时间管理等做决定，让孩子有机会为自己的事情负责。**我们对待孩子应该像对待成年人一样，让孩子感受到被尊重，体会到为自己做主的责任感和自豪感。**所有这些，都是在把孩子的人生主人翁的地位交给孩子，由此形成习惯，让孩子逐渐学会在未来的人生中做好规划、找准方向。

## 允许孩子自己拿主意

在两个女儿成长过程中，我花了很多时间慢慢了解她们，她们也经常给我一些意想不到的惊喜。比如，我无意中发现，平时很少表达自己想法的小女儿心心，其实有着非常成熟的自我规划的能力。

*心心上小学三年级时，班里要举行班干部竞选。老师*

提议所有人都可以毛遂自荐，谁想当班干部就自己提名自己，然后由班里的所有同学投票表决。

加入班委会的想法完全是心心自发萌生的，我和爱人平时很少干预她的校园生活，也不会鼓励或暗示她必须努力成为班干部。她愿意成为什么样的学生，是否参加学校的活动，都由她自己决定。作为家长，我们完全尊重并支持她的任何选择和决定。

根据我们之前对心心的了解，她对参加学校课外活动并没有太高的兴致。每次我们向她传达老师发来的一些信息，比如自愿报名参加某些活动时，心心都很"高冷"地问我们："这个必须报名吗？"如果我说："这个是可选的，看你自己的决定。"她一般会认真地想一会儿，盘算一下时间、精力、兴趣等，然后说："那我还是不报名了吧。"正因为她这一贯的风格，对于班干部竞选这件事，我们没有过多在意。

但是这次，心心主动提出要参加班干部竞选，让我很意外。因为是自己决定要参选，心心对这件事很上心，主动跑过来跟我沟通，说她遇到了问题，需要我的帮助。

看到孩子这么在意，我自然是要大力支持、帮忙的。不过，这个忙要怎么帮，我仍然尊重她的意见，允许她自己说了算。

## 帮孩子形成自己的观点

根据心心的要求,我开始帮她筹备材料。心心也把自己遇到的问题清楚地向我表达出来:因为换了新的班主任,这次竞选与之前相比多了一道程序,每位参选同学需要写一段文字来展示自己,同学们根据这段文字展示进行投票。而她要解决的问题是:自己第一次遇到这种情况,不知道这段文字该写什么、怎么写。她希望我可以帮助她搞定这件事。

这里我注意到心心有一个很有趣的特点,就是她很清楚自己需要的是什么,缺少的是什么,哪里需要我的帮助,哪里可以自己解决。生活中有些孩子非常依赖家长,对家长简直就是"撒开双手"一样的依赖:既然有大人帮我,那我等着拿结果就可以了。家长也会举全家之力,努力帮孩子完美地解决问题。但是,这个解决方法是由家长的意志主导,不是由孩子的意志主导的。心心的情况刚好相反,她给我提出具体的问题和明确的需求,然后和我一起来解决。

我和心心准备好后,由她提问,我来回答。比如她问我,开头应该写什么。我告诉她:"一般来说,你可以像打招呼那样,先有一个称呼。你写的这段文字是给谁看的?是写给老师,还是写给同学?写给不同的人,称呼也是不同的。"

"我要展示给同学，开头就写'亲爱的同学们'吧!"她马上领会了我的意思，选出了一个方案。

"好，那接下来你可以跟同学们打个招呼，比如'大家好'之类的。然后需要写几句话，把你个人的基本情况介绍一下。"

"这部分一般需要表达什么？"

"可以是你之前在学校参加的活动，或是在班里做过的事情，等等，都可以写。"

心心想了想，按照自己的思路整理了一些事例，用自己的语言表达出来，放在这一部分。

接下来，我引导她进一步思考：在写完自己的情况之后，还应该写些什么？

心心想了半天，没想出来。我提醒她：这时要想一想同学们关心的事情。既然是竞选班干部，那别人最关心的应该是你当选之后会怎么做，比如会帮助老师做什么，会为同学做什么。这些写完之后，你可以再写几句结束的话，再次向大家强调自己是谁，自己很荣幸参加这次竞选，希望大家支持自己，目的是给自己拉票。

我把展示文字的框架结构讲给心心，剩下的部分就由她自己完成和完善。心心也很有主见地对内容做了个性化筛选：个人情况部分要写什么，结尾拉票该怎么处理，哪些是她乐于表达的，哪些她不想直接表达，想换成其他方式，因为那样表达才更像她自己……在这个过程中，她不断地用自己的主见去填充我为她搭建的框架，让整段文字饱满起来，有血有肉。

最后心心提出，她还要写上"如果我没有当选，我也不气馁，还是要谢谢大家！"的字句。这听起来完全像她自己的风格，很佛系，也很洒脱。

在我们俩一次次的对话中，这段展示文字的框架和内容便一点点地完成了。整个过程中，心心的思路和目标都非常明确，每一部分该写什么、怎么写，都有自己的想法。个别部分她不知道还可以再写什么、需要我帮助时，我给予她适当的提示。但最终的文字大权是她的，由她自己通过分析和思考，形成自己的观点和结论。可以说，心心自己发挥的作用比我大得多。

### 孩子可以有自己的原则和边界

在心心竞选班干部的活动还没开始时，她们学校又展开了红领巾奖章评选，同样需要准备一篇稿件。不过，这次的稿件不是贴出来展示的，而是需要自己上台讲出来的。心心再次寻求我的帮助。因为有了之前准备班干部竞选稿的经验,我和心心决定继续用老办法来沟通。

先由我根据心心提出的问题帮她列一个框架,再由她自己去补充内容。这次的稿件,我给她提了一个"建议":"在某些地方你可以多写一些内容,让自己做过的事情显得更有意义、更有说服力……"

没想到,心心马上打断了我,说:"爸爸,您这样说是不对的,不能这么写!"

"为什么不能呢?"

"实际不是这样的,我就不能写!"

"你也不是瞎写,你的确做过这些事,而且这些事也确实跟你的话题多少有些联系嘛!"我试图再次说服她。站在成年人的角度来看,我认为这样写可以提高她被选中的概率。

"不行。这些事我做过,但我做的时候不是那么想的。我得实事求是才行,不能乱说。"

"没错,你说得对!"

我没想到这个小丫头这么有自己的原则,欣然尊重了她的做法。稿件整理好后,心心一字一句地读出来,发现不合适的地方就停下来修改,直到达到自己的要求,才开始进行演讲练习。

我看心心练习得有些吃力,建议她向姐姐取经,姐姐在这方面是很有经验的。于是她找到姐姐,让姐姐给她分享演讲技巧:怎么咬字、发音才好听,每一句的重音放在什么地方更自然,稿子怎么读让人听起来更舒服、不觉得做作,等等。心心全都认真地记下来,对稿子从头到尾再次修改调整,整个过程的状态非常积极。因为这是她自己的选择,她要为自己的目标负责。

我和两个女儿之间,这样的交流很常态化。我经常会根据某件事给她们提很多建议或意见,但她们并不会不假思索地全部接受,我也不强迫她们必须接受,让她们认为大人说的都是对的,她们完全照做就可以了。我更愿意授之以渔,鼓励她们自己去思考,加入自己的想法,最终转化为真正属于自己的东西。

这种做事的方式可以让孩子受益无穷,因为全程是孩子自己主导,自主地寻找资源和寻求帮助,所以孩子的积极性和主动性会更高。

## 做个好助手，相信孩子的选择

心心做事很懂得为自己负责，月月也一样。对于她们的这些"个性"，我一直都抱着尊重和支持的态度。我觉得，孩子做事有自己的想法，能够坚持自己的选择，是一件很好的事情。作为家长，我们应该相信孩子具有处理好自己的事情的能力。

升入初中后，月月第一次接触到历史、地理、生物、道德与法治等课程。对比小学阶段，一下子多出这么多新科目，她心里很没底，不知道该怎么学习。于是，月月向我倾诉了她的烦恼。

商量之后，我们决定分工：月月自己独立负责英语、语文、数学、道德与法治的学习，我负责每周给她讲两次历史、地理和生物，帮助她更好地理解和消化这几门新科目的内容。按照这个规划，我们合作得很不错。

原本以为，有了我的"助力"，月月的历史、地理和生物成绩肯定不会差，到时她肯定会跟我说"老爸功不可没"。让我没想到的是，到了期末考试，月月自己独立负责的科目成绩全部名列前茅，倒是我辅导的那几科拖了后腿。月月总结了她半年的学习后，说："老爸讲得挺好，但考试都不考，有空当故事听还行，可是我哪有时间听故事啊！所以说，学习还得靠自己！"

这让我更加清楚地认识到，**作为家长，我们应该帮助孩子做一些他最需要的，而不是我们自己最擅长的事情，要敢于放手让孩子自己去做选择和决定，相信孩子可以做得很好。**后来，女儿们再对我有什么需求时，我只负责给她们把问题讲清楚，其他时候都尽量做个倾听者和建议者，帮她们分析问题，做她们的助手。

月月上初二后，根据学校安排，她要为初一的新同学做一次"如何快速适应初中学习生活"的报告。她在准备材料时，从写提纲到制作PPT，基本上都是独立完成的，只有几个小问题不明白，我给了她一些帮助。在报告里，她谈到了自己进入初中的经历、心得、经验和教训，还给新同学分享了一系列可操作的建议。

看完月月准备好的报告，我颇有感触，虽然女儿平时可能不会深入地跟我交流每件事，但是她一直都有自己的思考、独特的思想、清晰的逻辑和准确的表达。爸爸妈妈眼中的小不点儿，早已有了自己独立的思想和逐渐完善的人格。

学会为自己负责，是孩子成长过程中必备的能力。跳出学业来看，对孩子长期发展最有帮助的一项能力，就是学会主动为自己的人生负责。孩子是个独立的个体，终将自己走向社会、走向未来。任何能力的养成都不是一蹴而就的，不能等到需要的时候才觉得孩子应该拥有。我们要在孩子成长的过程中，逐渐培养孩子具备这些能力，并且不断发展和完善。

家长对孩子的爱真实而纯粹，这本没有错。但很多家长容易混淆责任与爱，认为爱孩子就是多为孩子做些事情，让孩子少受累、少吃苦。这其实是一种控制，是家长的过分担忧，而不是孩子的真实需要。著名教育学家陶行知先生认为：好父母守望孩子，让孩子主动成长；坏父母替孩子做事，让孩子被动成长。的确，我们与孩子再亲密，也无法替孩子去过他的人生。所以，我们不妨多给予孩子一些引导和鼓励，然后把需要孩子独立负责的部分交给他自己去完成。我们就做个守望者，何乐而不为？

## 第 5 节　足够自信，才能稳步前进

如果要参加一场长跑比赛，你一般会怎么跑？

我相信很多人都清楚，如果太早加速，体力很快会消耗光，最后还没到终点就累趴在路上了。最好的方法是了解自己

的身体状态，对自己有清晰的认知，给自己制订合理的目标，然后朝着目标逐渐加速，最后成功冲到终点。

孩子的成长也是这样。如果我们给孩子太多的压力，让孩子过早地进入"快车道"，很容易违背孩子的成长规律，导致孩子早早耗光精力，跑到一半可能就跑不动了。

孩子的成长是一个漫长的过程，不是一场短跑。在整个成长过程中，孩子总会不可避免地遭遇竞争、困境，甚至是失败。我们不需要刻意回避，但也不要苛求孩子次次都赢。实际上，与其关注孩子在每个成长阶段的成功与失败，不如多关注孩子自信心的培养，孩子对自己的认知与定位，孩子在每一个阶段的目标，等等。我认为，<mark>在当前的教育中，家长最应该做的不是"不让孩子输在起跑线上"，而是"不要让孩子在起跑线上迷路"</mark>。引导和鼓励孩子坚持自己的目标，按照自己的步伐前进，孩子才有可能成为最后的胜出者。

## 孩子正确认识自己，才会更自信

在养育孩子的过程中，家长的焦虑很大程度上来自和"别人家孩子"的比较。尤其是在自己的孩子成绩不理想时，家长会习惯性地对孩子说:"你看人家谁谁,怎么成绩那么好? 再看看你!"其实拿孩子一时的成绩与其他人比较毫无意义,反而会让孩子的自信心和自尊心受到打击。

我的两个女儿也有考试成绩不理想的时候,偶尔也会妄自菲薄,但我给予她们更多的是鼓励,而不是指责。我会告诉她们:你的智商和基础并不比别人差,只要努力了就好,不需要争第一,考试目标在前几名就可以了。

如果孩子的情绪受考试成绩影响,我会和她们认真地谈谈心,让孩子说说自己对此次考试的想法和理解。为什么只是一次考试没考好,自己就会这么不开心? 是因为被别人超越了不开心,还是因为自己粗心大意不开心? 认为自己的问题出在哪里?

孩子其实比家长更清楚自己需要什么、有哪些长处、哪些地方还需要提高。当孩子对自己的学习有清晰的认识和规划时,就是走在进步的路上了。我们家长要做的,是耐心倾听孩子的心声,与孩子平等交流,关注和引导孩子发现自己的优势,帮助孩子逐渐建立自信。

月月和心心都参加过剑桥英语考试,心心是 7 岁参加 KET 考试、9 岁参加 PET 考试、10 岁参加 FCE 考试。

相对而言，心心参加考试时的年纪比较小，考前也没有经历系统的学习，所以考试前她总是感到害怕。但每次她都顺利地完成了考试，而且成绩也很不错，每次都只差1~2分就达到卓越水平了。不过，心心可能觉得这个成绩不够理想，有些沮丧。我及时地对她的成绩表示肯定："你的成绩很不错啊！其实成绩本身并不重要，重要的是你每次都能克服心里的害怕，坚持完成了考试，而且每次都比上一次完成得更好！爸爸妈妈都看到了你的努力，你现在的成绩就是你努力换来的结果。"同时，我也鼓励她再接再厉，让她对自己有合理的期待和目标，踏踏实实地走好每一步。

在这个过程中，月月也给了心心很多帮助，传授心心一些面试的经验和技巧。比如，月月告诉心心，想让面试更好地进行下去，就要在跟对方沟通时敢于礼貌地否定对方，并提出自己的新观点。如果对方给出一个观点，你直接回答"是的""对"，那么原本3分钟的面试可能30秒就结束了，你的分数可能会比较低。另外，在面试进行快到3分钟时，你要恰当地把话题收回来，对自己的观点进行一个总结。这才算得上是一次完整的面试。

月月其实是把面试的逻辑传授给了心心，帮助心心了解到如何更好地掌控整个面试的节奏，以及如何在面试中更好地展示自己。心心掌握这个过程的节奏后，顺利地完成了面试要讲的内容。最后，姐妹俩还自发地模拟起面试现场的情景，进行了"实战"训练。

这些经历都是在帮孩子认识到，学习和成长中会遭遇很多困难和挑战，但得失都是暂时的，要对自己有信心，更要有耐心，走好当下的每一步，那么每一步都是在进步。通过这样的引导和鼓励，孩子就会慢慢对自己的目标有清晰的认识，也会按照目标一步步前进。

当孩子能够形成正确的自我认知和良好的自我感觉，也就是我们常说的"内心的平静"时，他就可以更加清晰地知道自己每一个阶段的目标是什么，也可以客观地评价自己，认识到自己的优点和不足，接纳生活和学习中可能出现的挫折，甚至失败。孩子也会明白，这些都是成长中不可避免的经历，只要自己努力走好每一步，不必在意眼前的输赢。有了这样的心态，孩子才能慢慢培养起自信，以后的路也会走得越来越稳。

## 防止孩子自卑，就赶在前面引导他

每个家长都希望自己的孩子成长得阳光、自信，但不是每个孩子都能做得到。实际上，有很多孩子会自卑。我在教育和培养两个女儿的过程中,也面临过孩子出现自卑的情况。

月月刚升入初中时,每天放学回到家情绪都比较低落。我发现后,立刻跟她认真地沟通了一次。

原来,月月发现班里的同学都很优秀,相比之下,自己之前的成绩就显得没那么出色,由此产生了很强的自卑感。我耐心地听完她的倾诉,对她说:"你能遇到这么多优秀的人,说明你又上了一个更高的台阶,进入了一个更好的环境。这对你来说并不是坏事啊!要知道,每天和优秀的人在一起,自己想不优秀都难!"听我这么一说,月月觉得有道理,情绪渐渐有了好转。

月月上小学时,几乎没担任过班干部,也没有承担过太多组织性工作。她上初中后,我鼓励她多参加班级的各项活动,并随时做好准备,如果有机会,可以尝试一次竞选班干部。

果然,初一开学没多久,月月的班主任临时通知,有竞选班委会意愿的同学可以自愿报名。老师给大家5分钟时间准备竞选演讲,最后全班同学根据每位同学的演讲情况进行投票。这时,月月从小胆子大、不怯场、主持经验丰富的优势就发挥了作用。她立刻找老师报了名,然后快速地梳理出自己竞选演讲的逻辑框架和主要观点,准备出了演讲稿。后来她告诉我,自己当时其实特别紧张,但还是努力战胜了恐惧和压力，勇敢地站到讲台上，并且有理有据地完成了自己的竞选演讲，最终高票当选班长。

之后，月月又担任了班里的英语课代表、数学课代表等。这让她慢慢发现了自身的价值，找到了自己的定位，找回了自信。不仅如此，在协助班主任处理班级各种事务外，她也没有落下学习，一直保持着较好的成绩。

从刚升入初中时的不自信，到努力争取、获得快速成长、取得不错的成绩，月月不断成长的历程让我非常欣慰。其实，我完全没有培养初中生，尤其是青春期女生的经验，一切只能慢慢摸索。但我觉得，作为家长，我们应该对一切可能出现的问题提前做好准备，有所思考，必须"赶"在孩子可能出现问题之前做好应对的方案。这样在孩子有需要的时候，我们已经在那里"等"他，能够当即和他一起面对问题，引领他找到自身的优势，摆正自己的心态，树立自信。当孩子摆脱自卑、充满自信的时候，他才有勇气不断去尝试、去挑战。

## 给孩子反复试错的机会

在孩子成长过程中，总会出现大大小小的错误，孩子正是在不断犯错的过程中反省、学习和成长。而且，对孩子来说，敢于大胆尝试，不怕犯错，不怕被质疑，也是一种难能可贵的品质。

我在家里专门为两个女儿设计了一面黑板墙，她们从很小的时候就在上面涂鸦。我下班后，只要有时间，也会和她们一起画画。无论是《冰雪奇缘》《变形金刚》还是《西游记》，只要是她们想画的，我都会参与进来。

刚开始时，我会帮她们设计图案、打底稿，由她们来上色。两个孩子每次都涂得不亦乐乎，有时还会就哪个部位该涂什么颜色讨论半天。每次她们涂完后，还要把我拉过来评价一番。我会非常认真地对她们的"画作"进行点评，比如哪个部位的颜色很出彩、很能体现人物的性格，哪个部位的色彩可以再浓烈一些、让人物形象更突出。当然，她们也会提出自己的意见，我们经常在黑板墙前讨论半天。如果最后大家一致认为某个地方改进一下会更好，我们就一起重新设计或涂色。

后来女儿们慢慢长大，不需要我再帮她们设计图案了，她们也仍然保持着在黑板墙上面涂涂画画的习惯。

这个过程虽然看起来像是在做游戏，但是孩子在其中能获得反复试错的机会。有时孩子对作品感到不满意，或是发现了错误，没关系，那就重来一次。**遭受错误和失败，恰恰是孩**

王元卓和女儿们一起涂鸦

**子绝佳的学习和成长机会。**这样的经历,可以促使孩子不断打破自己的思维局限,寻找新的方向,一步步去深入思考如何更完美地解决问题。当孩子通过自我探索解决了一个难题后,内心中就会获得极大的成就感和满足感。之后再遇到问题和困难时,孩子就能积极主动地去面对、去思考、去解决。

因此,面对孩子的错误或失败,我们应该是理解和允许的态度,甚至可以创造机会让孩子遭遇一些挑战,给孩子一些犯错的机会，呵护孩子的探索欲望，再鼓励孩子多尝试、多思考，帮助孩子从这个过程中找到成就感，让孩子知道自己的能力是可以不断增长的，孩子的自信就可以一步步建立起来。

## 人生是一场长跑，保持前行的状态更重要

我和爱人对两个女儿的教育方式一直是比较宽松的，但宽松中也有着明确而清晰的规划。比如，我认为不要逼着孩子去做什么，哪怕这件事很重要。也不要在孩子即将面对时才去做思想工作，而是应该尽可能地把工作做在前面，在日常生活中进行铺垫。并坚持让孩子多尝试、多经历、多感受。接触得多、体会得多，孩子遇到问题时自然就不会害怕，也不会有心理负担。我们可以通过这样的方式，来帮助孩子养成某些习惯，培养某种能力。

在遇到新问题时，我们要尽可能陪着孩子一起去尝试和挑战。当孩子有所突破后，他才能体会到做这件事并没有想象中那么难，这时孩子的内心才会建立起一定的自信。之后，我们可以抓住孩子在第一次尝试后真正感兴趣的事情，鼓励他去尝试第二次、第三次……通过这样的过程，孩子的各项能力慢慢提升，自信也会随之提升。

有自信的孩子，未来才会走得更远。我一直觉得，人生就像一场长跑，在孩子小的时候，不需要让他拼命地追赶别人。与其要求孩子什么都去争第一名，倒不如让他懂得，人的一生原本就不是一帆风顺的，有时登上顶峰，有时则陷入低谷，所有的得失都是暂时的。今天的第一名，不一定是人生的第一名。而且，任何人在他的一生中，不可能永远都是第一名。如果把胜负、成败看得太重，带着每时每刻都必争第一的心态，就总会有因为不能得第一而挫败失落的时候。那时，对孩子自信的打击，一定是非常强烈的。

比起要求孩子事事争第一名，我认为更重要的是培养孩子的一些基础能力。比如思维能力、判断能力、抗挫折能力，以及了解自己的需求、制订合理目标的能力，等等。让孩子时刻保持一颗上进心，今天比昨天的自己做得更好，就是在努力、在进步、在不断前行。我常常和两个女儿说，**在人生的长跑中，只有"剩者"为王。你能坚持到最后，一直努力到最后，那就一定是人生的赢家。**

## 第 6 节　持之以恒，坚持总会带来收获

在和孩子们一路成长的过程中，我发现，很多偶然其实也可能是必然。如果之前没有做这些事情，那么它最终就不可能出现这样的结果。

每年长假，我们一家人都会出去游玩。但是在心心刚出生那年，因为她太小，不适合长途旅行，我和爱人就在家陪孩子们玩。无意间，我发现爱人手机里有个软件，可以把照片里的人像变成卡通形象。我一时兴起，说我也可以画这种卡通图，于是决定画上 100 幅。在那年的国庆假期里，我一下子画了 20 多幅。后来，我每周画一点，最后真的画了 100 幅！而一起看这些卡通图，也成了我们全家人的快乐。

当时在做这件事时，我其实并没想过要达成什么样的成果，或者产生什么样的意义。现在回过头去看，任何事情坚持久了，都是非常宝贵的存在，它留下的美好记忆也是不可替代、无法估量的。

这件事也让我意识到，做任何事，只要能坚持，就一定有所收获。而坚持，正是孩子应该具备的一项重要品质。孩子学会坚持，做事情能够持之以恒，不但可以避免孩子做事三分钟

热度、注意力难以集中、遇到困难就绕道走，还可以提升孩子的自信心和意志力，让孩子在遇到困难时，不会轻易放弃或止步不前。

当然，让孩子学会坚持离不开家长的引导，尤其在孩子年纪较小时，可能对一些事情难以长时间地坚持。这时就需要家长给孩子做好榜样，引导和鼓励孩子把该做的事情坚持下来，让孩子在陪伴与鼓励中获得坚持的品质。

## 鼓励孩子坚持自己的热爱

兴趣和热爱，是一个人愿意去做一件事并能够持之以恒的内在动力。一些孩子对自己感兴趣或喜欢的事，通常可以做得很好，并且能够坚持下来。但也有些孩子，即使是自己感兴趣的事，一旦遇到困难、失败，就想放弃，很难坚持到最后。这种情况下，家长的陪伴和引导就变得非常重要。

有一段时间，心心忽然对写英文小说很感兴趣，我自然是大力支持的。一开始，心心兴致勃勃，表示自己一定要写多少章、多少字。我也积极鼓励她，对她说，我等着"拜读"她的大作。可是几天后，我发现她冒出了虎头蛇尾的苗头，小说才刚开了个头，写了两三章她就不想写了。后来，她开始写中文小说，我仍然表示支持，但她同样是写了几章就不写了。再后来她又把兴趣转向了做手工，也是坚持几次就放弃了。

在心心年纪较小时，我一般是允许她做事"半途而废"的。但是，随着她逐渐长大，我知道，如果任何事都允许她轻易放弃，那么她就很难养成坚持的品质，以后做事时遇到问题可能会习惯性放弃。

于是，我和心心进行了一次深入沟通，告诉她做事不能遇到阻力就半途而废，而是要学会坚持。引导她如果觉

心心复原魔方

得每件事都坚持做好很难，那么她可以选择一项自己的爱好或一件感兴趣的事坚持下来，哪怕这件事很小，也要坚持拿到结果，看看最后自己会有什么样的收获。

心心刚上小学二年级的时候，有一天，她看到家里书架上的魔方，就拿下来摆弄，还缠着我教她。拧魔方可以锻炼手脑协调能力，增强空间思维能力，提升记忆力和想象力，同时还能培养解决问题的耐性和毅力。魔方是我四五岁时就开始喜欢的一个玩具，复原的方法是我从小自己摸索的，没有公式。现在要我教心心，就只能我和她一人一个魔方，一起进行复原。遇到她操作不了的步骤，我给她示范我的做法。这种方式的问题是，比直接教心心记住通用的公式复杂很多，因为缺乏条理和归纳。但也有好处，能让心心有许多需要她动脑思考、动手尝试的机会。后来心心学会了复原魔方，我们俩都发现，其中一些步骤，她的复原方法和我的完全不一样。现在说起心心学魔方这件事，感觉没什么难度。实际上，它是一个漫长的过程，需要我们经常拿着魔方思考和讨论。在熟练掌握复原三阶魔方之后，心心又开始找我研究四阶魔方，这对我来说已经是难度极限了。再后来的五阶魔方，只能靠心心自己去摸索了。

记得那年的春节，我们在家一起看春晚，心心临时表演了一个背后盲拧复原三阶魔方的小节目，让我们惊讶得直呼厉害!

孩子在做事过程中,即使是很小的事情,也有可能遇到困难,会想要放弃。这时家长要积极给予孩子鼓励,让孩子自己去试着分析问题,思考怎么克服困难,而不是放任孩子一遇到问题就轻易放弃。另外,我们不要直接告诉孩子解决问题的方法,最好是引导他自己去探索,让他独立解决困难。如果孩子不相信自己有这个能力,我们大可以对孩子说:"没关系,爸爸妈妈相信你能做得很好!你只是暂时遇到了困难而已,可以换个思路再想想,也许就有不一样的收获呢!"

通过这样的引导和鼓励,让孩子对自己产生信心,同时感受到自己身后是有人支持的,孩子才会更有动力去面对困难,去努力解决困难。等孩子最后完整地做成了这件事,他会真正体会到坚持的意义。

除了鼓励,我们还可以帮助孩子把他坚持做事的成果留存下来、展示出来,让更多的人看到,这会让孩子更有成就感,对激发孩子的主动性、培养孩子坚持不懈的品质,是非常关键的。

### 用行动带动和影响孩子

在让孩子学会坚持的过程中,家长的陪伴和榜样作用很重要。一般来说,我会坚持这样一个原则:**想让孩子做到的事情,我自己首先要做到,然后用自己的行动来带动和影响孩子**。有时候,我们甚至不需要刻意去告诉孩子怎么做,只要自己坚持做就行了。孩子一开始会跟着爸爸妈妈一起做,慢慢就能自己坚持下来。

比如,每年过年时,我会带着两个女儿一起剪窗花。以前是由我设计出要剪的窗花图案,帮她们画好图,再和她们一起剪。现在,她们已经能自己设计、自己画图,而且也能自己剪。这几年,我只需要提议哪天剪窗花,准备好材料,具体的安排就交给女儿们去发挥了。我在一旁负责给她们拍照,记录下她们成长的过程。

再比如,每年我会带着两个女儿去耕种,到郊外租下的耕地那里种一些农作物。偶尔一两次可能觉得很有趣,但被农作物的生长、被节气和时间推着去劳作,就是一件又辛苦又不由自主的事情。因为农作物一直在生长,在特定的时间成熟,不管你愿不愿意,都必须按时按点去照料它们,对它们负责。我们一坚持就是 7 年。耕种的经历陪伴了女儿们的童年,给她们带来了很多心态、性格上的磨炼，让她们体会到，做一件事要有始有终，不能半途而废。这些收获，远比耕种本身更有意义。

我一直主张"言传身教"，鼓励女儿们坚持不懈的同时，我也不放松自己的坚持与努力。从心心出生的那年

王元卓的 11 本"家书"

开始，我每年会完成一本"家书"，目前，已经坚持了11年。每本书里都有几百张照片和一百多段文字，记录了那一年生活中的点点滴滴。已经完成的这11本书，从主题到内容都在不断变化。我和爱人陪着两个女儿一起成长，我们经历的、关注的、在意的、思考的，一直在变。可能唯一不变的标准就是：我希望书中记录的内容，十几年后翻看时依然会觉得有意思、有意义、有价值。从这个角度看，现在的很多得失、成绩也许都不值一提，反而是无意说出的"金句"，成长中的某些思考，生活中的某些温暖，更值得在将来去回味。无论如何，已经坚持了11年的"家书"，要继续写下去。

孩子天生就有很强的模仿能力和观察能力，如果家长做事能坚持、遇到困难不放弃，孩子自然会耳濡目染。**有时孩子成长中的"坚持"，说到底也是家长的"坚持"**。有句话说得很好：放弃不难，但坚持一定很酷。希望这句话可以让孩子明白，当我们想要放弃的时候，再坚持一下，也许就能获得更大的成就和更美好的体验。

## 学会坚持，也要学会放松

做事坚持固然很重要，孩子应该养成坚持的品质。但坚持并不是让孩子时刻紧绷着弦。弦绷得太紧，迟早会断。教育和培养孩子本来就是一个长期的过程，不可能一两天就有成效。我们应该把培养孩子这件事规划得长远些，即使中间有一些停顿也不算什么。往大了说，人生就是一次长跑，不用介意途中哪段跑得快、哪段跑得慢，只要一直在路上前进，就能抵达终点。

我在创作手绘科普书时，一直坚持了好几年。这期间，我也有因为工作太忙而停顿的时候。但我发现，停顿的时候不但没有让我懈怠或想要放弃，反而让我产生更多新的想法和新的创意。等到我重新拿起画笔和画纸时，我觉得创作起来更加顺畅、更有灵感了。

在这个过程中，月月和心心一直陪伴我、鼓励我。在她们的支持下，我坚持将 4 本科普书顺利完成。我的坚持对两个女儿来说，其实就是一种耳濡目染，一种言传身教。她们会从中明白：只要是决定了的事情，就一定要坚持完成。这样的观念通过我做的事情一点点地根植于她们心里，让她们在自己的学习和生活中也渐渐形成了坚持的特质和心态。这也是我坚持做事带来的"意外的必然",是我非常高兴看到的。

同时,我也希望两个女儿明白,坚持并不是一刻不停地做一件事,而是一个长期的过程,只要确立了目标,就要尽最大能力把目标实现。中间如果遇到了瓶颈,或者有其他事情占用了自己的精力,可以给自己一定的时间放松,调整自己的状态,让自己积蓄更大的力量。只要最终顺利实现目标,坚持就有意义。

事实上,要培养孩子坚持的品质,很大程度上取决于家长的态度。**家长态度摇摆,孩子多半会放弃,难以坚持;家长态度坚定,并能够为孩子做好榜样,把自己坚持的精神传递给孩子,同时善于给孩子鼓励打气,孩子就可以慢慢培养起坚持的品质。**

当然,孩子在学习和做事过程中,即使是学习自己感兴趣的内容,或者做自己热爱的事情,也可能会遇到困难、挫败。这时,家长要更多地给予孩子力量,帮助孩子战胜困难,鼓励孩子坚持自己的目标。很多时候,兴趣只是敲门砖,坚持才是走向成功的梯子。家长和孩子一起努力、一起成长,孩子才更容易养成做事坚持、不轻易放弃的习惯和品质,为未来一生的发展奠定良好的基础。

1. 孩子做事容易放弃怎么办？
2. 如何应对孩子的负面情绪？
3. 如何在孩子面前树立威信？
4. 怎样化解家长的权威与孩子的自主之间的矛盾？
5. 如何避免孩子出现心理问题？
6. 该不该压制孩子的早恋苗头？

## ❶ 孩子做事容易放弃怎么办?

科学家奶爸说

做事容易放弃,是许多孩子会出现的问题。作为家长,我也深有体会。

其实,很多孩子缺乏表现自己的勇气,面对事情时有畏难情绪。这主要是因为他们此前从没有做过这件事,缺少信心,生怕自己失败了被人嘲笑。所以,孩子才会想要放弃,躲进自己的舒适区。

想让孩子走出舒适区,挑战自己,做事不放弃,我有两点小建议。

首先,不要逼着孩子去做事,否则孩子压力更大,也更加抗拒。如果不是当即要完成的事,可以平时为孩子做铺垫,提前培养孩子做这件事的能力。比如,想鼓励孩子竞选班长,除了让孩子了解班长要具备的品质,还要帮助孩子提高演讲和沟通能力。孩子有准备,才会有底气参加竞选,不轻易放弃。

其次,想提升孩子的自信,可以陪孩子一起突破,让孩子知道做这件事并没有那么难。孩子第一次尝试后有了兴趣,他就会主动去尝试第二次、第三次,慢慢体会到挑战自己的成就感,就会坚持到底。如果孩子暂时不感兴趣,也不要强求孩子,以免适得其反。

---

小锦囊

孩子坚持做一件事的勇气和信心不是逼迫出来的,而是在家长的陪伴和鼓励下逐渐产生的。

## 如何应对孩子的负面情绪?

科学家奶爸说

孩子有负面情绪,家长既着急又无奈,该怎么办呢?

无论孩子还是大人,情绪一直伴随着我们。处于成长期的孩子,因为没有掌握恰当处理情绪的方法,容易出现情绪波动,这是再正常不过的事了。

孩子闹情绪时,许多家长可能会想方设法制止孩子,比如好言相劝,或是大声呵斥。其实,这些做法并不妥当。在我看来,此时应该为孩子营造一个有助于他消化情绪的环境。

月月在班里担任班长,有时会因为帮老师管理班级的问题,跟同学发生一些小摩擦,导致她心情很糟糕。这种情况下,如果她不主动向我求助,我也不会主动告诉她应该怎么做,更不会劝说她、给她讲大道理,我会安静地陪着她。如果她愿意把不愉快讲出来,我就耐心听她倾诉,让她将情绪宣泄出来。这是她自我分析、自我拆解的过程。她说完后,负面情绪已经消散大半了。

当然,每个孩子的性格不同,面对情绪的状态也不同。但无论如何,我们要尊重孩子的性格和情绪状态,给予孩子缓解情绪的空间,尽可能用陪伴的方式帮助孩子走出情绪低谷。

面对孩子的负面情绪,耐心地陪伴他、倾听他,带他走出情绪的困扰,可能比直接帮他解决问题更有意义。

### 3 如何在孩子面前树立威信？

**科学家奶爸说**

家长都希望在孩子面前有威信，孩子能听自己的话，但经常事与愿违。

其实，不需要用强硬的手段，我认为做到两点，就能让孩子信服你。

第一，你自己要说到做到，尤其是答应孩子的事，更要做到，为孩子树立一个"言必行，行必果"的好榜样。就我的经验而言，凡是我答应两个女儿的事，我一定会做到。孩子们不但非常信任我，而且遇到问题会主动跟我商量。因为她们知道，我有办法帮她们解决，会陪她们一起面对，我说到就会做到。因此，我在她们心中颇有威信。

第二，你要帮助孩子明辨是非。我和孩子们相处得非常融洽，我们经常像好朋友一样聊天，有时还会开玩笑。但面对大是大非，比如涉及人身安全、遵纪守法、价值观等方面的事情，我要求她们必须按我的建议做。记住，帮孩子从小明辨是非，你就不需要花很多精力去规范他长大后的行为。

在两个女儿面前，我既是一位好朋友，也是一位严格的父亲。她们不需要事事绝对服从我，但在重要的事情上会很自觉地听我的话。我觉得这就是家长的威信。

**小锦囊** 家长的威信不是靠打骂孩子建立的，而是通过陪伴孩子、对孩子言出必行、教导孩子明辨是非、为孩子树立好榜样赢得的。

## ④ 怎样化解家长的权威与孩子的自主之间的矛盾?

**科学家奶爸说**

许多家庭会存在这样的情况:家长要掌控权威,孩子想自主。二者很容易产生矛盾,如果不能很好地化解,家长与孩子的关系容易走向两个极端。

一个是家长的权威占上风,事事控制孩子。孩子从小习惯于听从家长的安排,让家长省心。但孩子会缺少很多快乐,长大后缺乏自主性,与家长的关系容易疏远。另一个是孩子的自主占上风,对家长的要求、建议非常抵触,甚至"你越让我干什么,我越不干什么",与家长冲突不断。

在我看来,让孩子有一定的自主权,孩子才会主动做事,长大后才会更独立、更有责任感。同时,家长也不能丢了权威,不能事事都依着孩子,否则容易让孩子变得自私、任性,缺乏明辨是非的能力。

避免家长的权威与孩子的自主产生矛盾,关键在于处理好二者的平衡。作为家长,既不过分控制孩子,在一些非原则性的小事上允许孩子自己做主;也不放任孩子绝对自由,在一些重要的事情上可以由家长主导。

能做到这些,我想家长和孩子之间的矛盾就会减少很多。

---

**小锦囊** 家长与孩子相处时,不走极端。在孩子选择自己想做的事情时,让孩子意识到,他在家长的权威中,逐渐掌握了自主权。

## 5 如何避免孩子出现心理问题？

**科学家奶爸说**

孩子成长过程中，家长务必要关注孩子的心理健康。如果发现孩子已经出现了心理问题，要先分析原因，然后对症下药。

孩子出现心理问题，我认为主要是亲子关系恶化，长期积累造成的。比如孩子总是被家长批评、贬低，家长总是给孩子太大的压力，孩子一直处于焦虑的状态，无法及时、有效疏解负面情绪。长此以往，孩子可能就会出现心理问题。

想避免这种情况，家长平时就要多关注孩子的身体变化、情绪变化。孩子在遇到问题时，一开始是会向外求助的，比如跟家长倾诉、抱怨。如果此时得不到回应，或者得到的是家长的指责、批评，孩子就只能把负面情绪压抑在自己心中。积累到一定程度，孩子才会爆发出来，结果可能已经很恶劣了。

所以，家长发现孩子经常情绪低落、总想找你倾诉烦恼时，一定要及时给予孩子正向的回应和支持。可以陪孩子做一些积极的事，户外运动、看电影、聊天等都可以，帮助孩子及时缓解身心压力。孩子感受到家长的爱和陪伴，心理才会健康和强大。

---

关注孩子的身心变化，及时给予孩子积极的回应。让孩子知道，家长会一直陪伴他、支持他、帮助他，孩子的内心才能产生战胜困难的力量。

## 6 该不该压制孩子的早恋苗头？

**科学家奶爸说**

对很多家长来说，孩子早恋是一个非常敏感的话题。该不该压制孩子早恋的苗头？孩子早恋了怎么办？我们要理性看待这件事。

进入青春期后，孩子的身体和心理都会发生巨大变化，开始有了懵懂的性意识，渴望与异性交往，这是正常现象。在我看来，青春期的孩子有异性朋友，或是对异性同学表现出好感，反而是好事，这表明孩子的身心是健康的。只要孩子在与异性交往时保持分寸，不做出过激行为，家长应该充分理解和适当支持，而不是过分担心和反对。

如果你发现孩子有了早恋的苗头，也不必如临大敌，可以在适当的时候和孩子聊一聊，告诉他，这是青春期正常的情感萌动。你尊重孩子的情感，希望孩子能慎重对待，并跟你分享他的感受、体会。尤其在孩子遇到问题时，希望他能第一时间告诉你，你会陪他一起面对、一起解决。甚至你也可以跟孩子分享自己青春期的成长经历，给予他一些经验和建议。

经过沟通和引导，孩子知道你尊重他、理解他，也就不会背着你偷偷摸摸去早恋了。

**小锦囊**

不与青春期的孩子对立，与他做朋友，让他有需求时第一时间找到你，你才能更好地引导和陪伴他顺利度过这段懵懂的时期。

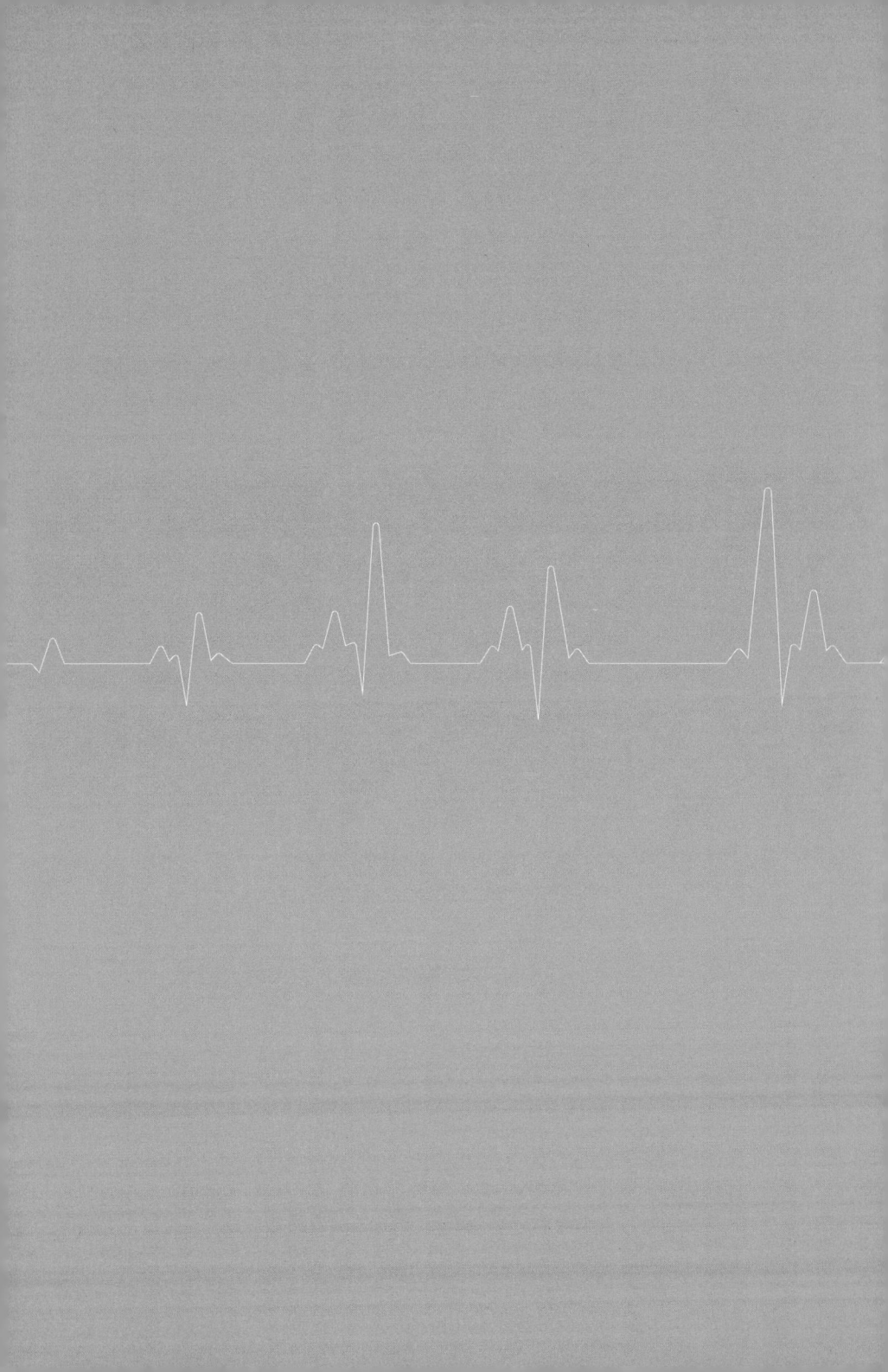

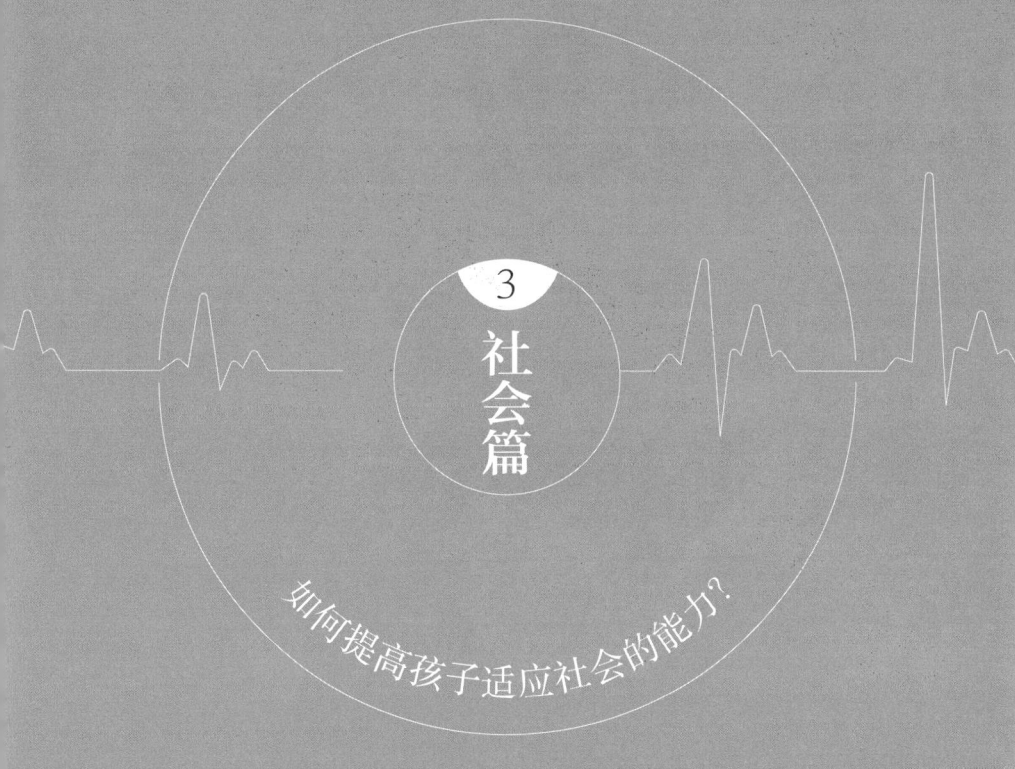

第 3 部分

3
社会篇

如何提高孩子适应社会的能力?

我现在有时会给月月写信,在信中我写得最多的是:你有想做的事情,可以尽情地去做,向前冲、向前闯,爸爸是你最坚强的后盾。无论你遇到什么问题,爸爸都会给你兜底。

# 第 1 章
## 把孩子送到可以施展拳脚的地方

我经常会跟身边的朋友讨论：作为家长，我们对孩子的期望是什么？

我发现，很多家长对孩子的期望并不是一定要孩子成为神童、学霸，或者是希望孩子未来获得多么大的成就，而是希望孩子能够在社会上拥有立足之地，可以尽情地发挥自己的特长，更好地适应社会。这与我的观点不谋而合。

我一直觉得，社会才是检验家庭教育的最终标准，而这个标准是综合性的。在孩子年幼的时候，我们极力呵护孩子，为孩子提供舒适的生活、良好的学习和成长环境。但我们不可能陪伴孩子一辈子，总有一天孩子要独自走向社会，面对世界，独立解决难题，自己承担风雨。

所以我认为，对孩子真正的爱，应该是在他离开我们身边之前，陪伴他快乐地成长，教会他与世界友好相处的能力，让他具备适应社会的"生存力"，最后把他送到可以尽情施展自己才华和能力的地方。在这个过程中，**家长是孩子的引领者和助推者，为孩子走向社会提供支持、指导和经验，帮助孩子提前适应社会环境，为孩子未来能顺利地融入社会做足准备。**

## 良好的社交能力，让孩子走得更远

不知道大家有没有听过一个流行词，叫"社牛"，形容在社交方面毫不胆怯、游刃有余的人。这样的人在生活、学习和工作中通常不会在意别人的眼光，也不担心被他人嘲笑，拥有极佳的心理素质，遇到问题时能处理得非常妥当。他总能与周围的人建立友好的关系，也能在复杂的社交中做到游刃有余。

我一直觉得，月月就是个有些"社牛"的孩子。我记得有一次，月月参加了一次演讲活动，我带着心心一起去观看。活动结束时已经很晚了，我和心心在门外等月月，希望她快点出来。结果月月一出来，就遇到了一些等在门口的记者要采访她。记者们随即便问了月月很多关于演讲方面的问题。我们看着月月，她站在那里游刃有余地接受采访、回答问题，一点儿都没有紧张或不知所措，甚至还时不时地与采访她的人互动一下。采访进行了很长时间。我也不知道她具体说了些什么，但能看出来，她跟大家互动得很好。

月月有一个特点，就是在一些比较正式的场合，她会提前把要沟通的内容列一个提纲，或是把要说的话打好腹稿，把自己的想法分成几个明确的观点，每一点要表达什么，事先准备好。这样不管是与别人沟通，还是接受采访，她都能非常流畅、自然地把自己要说的话表达出来，而且逻辑清晰，让对方听着非常舒服。她因此获得了很多外界的好评。不得不说，月月的这个特点很厉害，为她赢得了很多不错的机会。

其实在月月很小的时候，我就有意识地鼓励她多参加各种活动。除了学校里的活动，我还经常带着她参加一些社会性活动，给她创造机会，让她登台表演。一开始，我会和她一起准备她要表演的节目或是演讲稿。后来，她开始慢慢尝试自己准备。升入初中后，她准备这些东西已经非常熟练了，几乎不再需要我的帮忙。

月月成长中的这类经历也让我越来越觉得，**作为儿童社会性发展的重要部分，社会交往能力可以决定孩子能否从家庭顺利过渡到社会，影响着孩子的社会适应能力和人格发展。**而良好的社会适应能力，又可以为孩子赢得更多向上成长的机会，让孩子在与更多人交往过程中认识更广阔的世界，帮助孩子成为一个受欢迎的人，甚至未来有机会成为一个具有一定影响力和领导力的人。

## 孩子要学习技能，更要展示技能

在孩子小的时候，很多家长会选择送孩子去学习各种才艺、技能，我也不例外。月月小时候，我为她报名过一些兴趣班。然后我发现，如果孩子学习了才艺或技能后不去展示，再加上孩子对所学才艺或技能又缺乏持久的兴趣，时间一长，不管孩子曾经学得多好，那些当时学到手的东西也会被孩子慢慢忘记，无法为孩子的成长带来持续、有效的助力和加持。

其实，家长为孩子报名参加兴趣班，让孩子学习一些才艺或技能，并不一定是希望孩子向专业的方向发展。比如，送孩子去学舞蹈、学演讲、学画画，不见得就是要让孩子未来成为舞蹈家、演说家、画家。家长更多的是希望孩子能通过学习发现自己的天赋、找到自己的兴趣，或者是培养一项个人特长，并在这个过程中学会与更多的人交往、交流，从而帮助孩子建立自信，培养孩子的创意表达能力、沟通能力、接受和反馈能力、团队合作精神等，提升孩子的社会适应能力，为孩子未来可以更好地生活和工作打好基础。

作为家长，如果你刚好也有这样的想法，那么我建议你不但要让孩子学习丰富的才艺和技能，而且要为孩子创造机会，鼓励他勇敢地展示自己的才艺和技能。如果孩子在展示时能表达得清晰、有条理，能积极发表自己的观点和意见，就更好不过了。而我们要做的就是为孩子提供具体的指导和反馈，同时为孩子加油打气。

  我现在有时会给月月写信，在信中我写得最多的是：你有想做的事情，可以尽情地去做，向前冲、向前闯，爸爸是你最坚强的后盾。无论你遇到什么问题，爸爸都会给你兜底。
  因为有我的支持，月月做事会特别自信。尤其是月月初一竞选班长那次，老师在没有任何提前提示的情况下，直接在班里宣布：每个人有 5 分钟的时间准备，然后主动报名，上台进行竞选演讲。就是利用短短的 5 分钟时间，月月便拿着一张简单写有自己优势的纸条，站上讲台开始了演讲。演讲完后，经过全班投票，月月以超高的票数当选班长。

月月放学回来后，我和她一起复盘了这件事。我问她："你的学习成绩在你们班里并不算特别突出，你认为自己为什么能当选班长？"

"因为我讲得好啊！"

"这只是其中的一个方面，我认为还有三点原因。第一，老师没有给大家充分的准备时间，这导致很多同学不敢上台参选。哪怕是原本比较有能力或者是成绩很优秀的同学，因为缺少充分准备，担心自己上台后讲不好，而错过了这个机会。第二，有的同学即使勇敢地上台参加了竞选，会因为没有提前打好腹稿，结果越讲越紧张，没有达到预期的效果。第三，平时爸爸一直跟你强调，希望你上初中之后可以多争取机会担任班委，锻炼自己的能力，这是不是也变成你参加竞选的动力之一呢？相比之下，其他同学可能没有这个动力支撑。"月月听完，表示赞同。

事实上，月月能够在 5 分钟的时间内做好准备，勇敢地站到台上竞选班长，与她一直以来都敢于展示自己的这个特质有很大的关系。我始终觉得,我们不但要让孩子学习各种才艺、技能,而且要鼓励孩子勇敢地在别人面前展示自己。这种做法能锻炼孩子的胆量,更能培养孩子的自信心和应对突发事件的能力。通过别人的反馈和建议,孩子可以及时发现自己的问题,从而纠正自己的言行,达到更好地对外展现自己的目的。

我在陪伴月月和心心的成长过程中,不仅会鼓励她们在学校积极地抓住机会展示自己,还会在学校以外寻找和创造机会让她们去展现自己。比如,带她们参加日常的社区活动、业余兴趣比赛等。有时,我的工作单位举行类似的活动,我也会找

月月参加校外活动

机会让她们上台表演，目的是锻炼她们，让她们在面对镜头、面对外人时可以做到从容自若、自然大方。同时，我希望通过这些方式，她们能勇敢地展现出自己身上的闪光点，从而不断提升自信心和社交能力。

## 丰富的阅历，打开孩子看世界的格局

随着社会的发展，"两耳不闻窗外事，一心只读圣贤书"的学习模式已经不适合现在的孩子了。家长在积极提高孩子的成绩、培养孩子良好的性格之外，还希望孩子能够了解更多不同的事物，看到外面更大的世界，丰富自己的人生阅历。事实也证明，丰富的阅历要比从书本上学习更多知识对孩子的成长更有帮助。

在我小的时候，计算机刚刚起步。对我的家人而言，那时的计算机代表着高科技。很多人没有机会接触计算机，大家对它的了解也不多。但是，家人对我学计算机这件事非常支持，鼓励我长大后从事跟计算机有关的工作。不仅如此，他们还积极陪我查阅有关计算机方面的信息和资料，希望我能多抽时间学习一些相关的知识。

刚开始时，我只学习了一些计算机基本程序的使用，比如如何打字、如何写文档、如何做批处理、如何调用等。后来，我的家人觉得，光学这些应该是没有太大的用途，应该学得再深入一些。于是，他们专门请老师教我学习计算机编程，让我慢慢地明白了程序是怎么回事。在学习过程中，他们还允许我玩电脑游戏。和其他家长不同，他们认为玩游戏也是了解和学习计算机的一种途径。当然，我肯定是不会沉迷游戏的。

因为这样的经历，我比很多同龄的孩子更早地接触和学习了计算机，并且对计算机产生了浓厚的兴趣。后来，我也确实选择了跟计算机相关的工作。不得不说，这与我小时候的经历有着很大的关系。

丰富孩子的阅历，体现了家长的眼光和格局，同时也是家长送给孩子最好的礼物之一。当我自己在培养两个女儿的时候，我借鉴了我的家人对我的培养方式。我经常鼓励两个女儿多参加身边的各种活动，学习各方面的知识。我只要有时间，就会带着她们一起参加活动，陪她们一起学习各类知识。比如，我会请她们和我一起创作"科幻电影中的科学"系列图书，我们一起查阅书籍、探讨知识。每年我会抽时间带她们外出旅行，我们一起去见识外面更大的世界，接触更多的人，了解更多的事物，开阔视野。这些经历，拓宽了两个女儿的知识面，让她们见识了当今更加多元的世界,让她们发现原来世界是如此宏大、如此多彩。同时,还滋养了她们的心灵,让她们的内心变得更加丰富。

陶行知先生认为:生活即教育,社会即学校,教学做合一。这些教育理论都深刻地揭示了社会生活在教育过程中的意义。社会是个广阔的大舞台,要让孩子成为一个能够融入社会、适应社会,并且拥有见识、可以创造未来的人,就需要我们帮助孩子充实头脑,丰富阅历,增长才干,积累更多的社会经验。我们不但要关心孩子现在飞得有多高,而且要更多地关心孩子未来能够飞多远。而阅历丰富、见过世面的孩子,往往具有独立的思考能力和判断能力,未来走向社会后,能够快速融入新的环境,并且有勇气和智慧去面对和解决自己遇到的问题与困难,施展自己的才华和能力。这样的孩子,不正是我们作为家长所期望的吗?

# 第 2 章
# 小不点儿也要有责任感

## 第 1 节　孩子从田野里也能收获成长

随着社会的进步，越来越多的人生活在高速运转的城市中，见惯了钢筋水泥和车水马龙，离大自然越来越远。现在的很多孩子对田野里的一切都十分陌生，虽然在课本中学过"春种一粒粟，秋收万颗子"，但没有亲自在田野中挥洒过汗水、没有体验过其中的艰辛和快乐，是很难真正理解耕种的劳动意义的。

我的一个朋友在郊区租了一块地，然后雇人在地里种菜，满足自己日常所需。有一天，他给我打电话，说地里的菜吃不完，让我一起过去摘一些拿回家，我就开车跟着他去了。到了之后，我发现他租的那块地特别好，能种庄稼和蔬菜，真让人喜欢。通过朋友，我知道租这样一块地并不难，于是我也决定租一块。

当时我的想法比较简单，就是希望平时有空带着孩子过去种种菜、玩一玩，没有很强的目的性。但是第一年耕种，我就发现，种地对孩子的成长非常有好处。它不仅让孩子有机会深入地亲近大自然，感受大自然，还拓宽了孩子的知识面，锻炼了孩子的综合能力。

美国著名心理学家贝尔·福克认为：大自然是孩子的教育之神，孩子可以在一草一木、一雨一露、一花一土中孕育出高超的智慧、坚毅的心胸以及敏锐的感受力。

我觉得这句话非常有道理。对孩子来说，大自然有着无穷的吸引力，动物、植物、山丘、草地等，都会吸引孩子去探索、去发现。在这个过程中，孩子的感知觉更容易被打开，从而听到不同的声音，看到不同的景象，触摸到不同的事物，产生很多与学习书本知识不同的感受。即使完全相同的场景，比如一片田野、一块耕地，也会因昼夜、季节的变化而不同。带领孩子参与大自然的探索，感受大自然的力量，能够帮助孩子增强勇气、磨炼意志，培养孩子的责任感。

### 一起耕种，增加孩子参与感

现在很多学校提倡劳动教育，劳动的社会价值也在一直提升，目的是激发孩子的劳动兴趣，培养孩子爱劳动的习惯。但是，"爱劳动"并不是一句口号。不是让孩子嘴里喊着"我爱劳动""劳动最光荣"，孩子就真的变得爱劳动、对劳动有兴趣。

据我了解，许多家长在对孩子进行劳动教育时，都不太愿意让孩子真实地参与做家务或者干其他劳动，觉得孩子做不好，还要捣乱。也有家长认为，孩子的主要任务是学习，没必要做家务或参与劳动。还有一些家长，就是纯属舍不得让孩子做家务，对孩子的任何事都一手包办。月月小时候主要由爷爷奶奶、姥姥姥爷帮忙照顾，她那时基本处于一个衣来伸手、饭来张口的成长状态。后来月月渐渐长大，不用老一辈照顾了，加上我租下了一块地，于是我便准备带着她一起去田野里耕种。

租下耕地的第二年春天，当我把要去郊区耕种的消息告诉月月时，月月非常兴奋，嚷嚷着马上就要去种地。但我告诉她，我们要先准备一些耕种用的工具。我为了增加月月的参与感，就交给她一项任务，让她查一查耕种都需要什么工具。月月急忙跑到她的书柜旁,从里面翻找自己看过的有关耕种的书,然后告诉我,我们需要购买锄头、铁锹、耙子、镰刀、水桶、扁担、簸箕这些东西。

到了周末,我专门带月月到农具店购买了耕种所要用的工具。一进农具店,月月简直惊呆了!她之前几乎没有见过真实的耕种农具,只在书上看过图片。现在见到了实物,她觉得非常新鲜,摸摸这个,动动那个,迫不及待地就要拿着这些农具去耕种。

第二天,我带着她去了郊区的耕地,给耕地松土,因为再过几天就到清明了,我们准备种一些瓜或豆。在松土时,月月虽然年纪小,也没什么力气,但还是积极地参与其中。

一开始,月月劲头十足,但真干起来之后,很快就累了,闹着要回家。我立刻表扬她松的土又软又整齐,最适合种西红柿。她听了很高兴,忙问我什么时候可以种西红柿,可不可以带她一起去买种子。我都一一答应了她。

第二个周末,我带着月月去给松好土的耕地扎篱笆。我引导月月画出要扎篱笆的耕地区域,然后让月月帮我扶着篱笆,我把篱笆一点点固定好。在这个过程中,我和月月一边动手做、一边讨论,我们扎好的篱笆里的耕地是要横着种、还是竖着种?每块耕地要种什么,是胡萝卜、土豆,还是葫芦?

后来在正式耕种的时候，自然也少不了月月的参与。虽然劳动时间长了她会喊累，但在我的鼓励下，她跟着大家一起，坚持完成了耕种。

耕种是一项比较辛苦的劳动，大人要坚持一天都会很累，孩子自然更不例外。加上孩子年龄小，劳动技能不成熟，干一会儿就可能失去兴趣。我们要多鼓励、表扬孩子，耐心地引导孩子参与其中。

比如，和月月一起耕种时，我会引导她来规划我们的耕地：土豆的生长周期较长，把它种在边角的地方比较合适，具体种在哪个位置呢？黄瓜和葫芦的苗长高后，都会生藤蔓，需要用架子架起来，那是不是可以把这两种农作物挨着种？因为这样我们在搭架子时，就可以把它们的架子连在一起，比较容易搭建。同时，我还鼓励她展开想象：我们种出来的土豆和胡萝卜会是什么样？黄瓜的和葫芦的藤蔓会怎么爬？葫芦会不会长得特别大？

简单的互动可以调动起孩子参与劳动的积极性，减轻孩子的疲劳感，让孩子能更多地参与耕种的每一步。而这种参与感，可以让孩子感受到自己被信任、重视，同时还能培养孩子做事的积极性和主动性。更让孩子知道，**在做某些事情时，**

自己不是做个执行者就可以了,他还有提出自己意见的权利,甚至可以按照自己合理的想法去做。能够按照自己的意愿来做事,这不就是孩子所希望的吗?

## 照料农作物,增强孩子责任感

我们经常说要培养孩子的责任感。有责任感的孩子,更容易自觉、主动地做事或学习,长大后也能主动适应社会。责任感有利于孩子与他人交往、合作,让孩子以后的生活和事业更加顺利。不仅如此,孩子有了一定的责任感后,才能更加自信和满足,这对提升孩子的成就感和自尊心同样有很大的帮助。

在家庭教育中,培养孩子责任感的方法很多。而在我们家,带着孩子一起耕种、一起照料农作物这件事,对培养孩子的责任感就很有效果。

> 耕种有一个完整的过程,从春天去田里播种、育苗,到夏天去间苗、除草、除虫,再到秋天去收割。其中哪个环节做不好,或者说没有及时去做,都有可能出现问题,导致农作物不能正常结出果实,甚至直接死掉,前面的付出都是白忙活一场。

所以，每到周末，只要我有时间，就会带着月月到耕地里去，看看哪些农作物生出了杂草、哪些开了花、哪些生了虫，然后及时把问题处理好。天气凉快的时候，在地里干活儿还好，如果遇到刮风下雨，或者太阳暴晒，干农活儿是非常辛苦的。有时赶上下雨，还会踩一脚泥巴，弄得满身是泥。但月月最害怕的是农作物生的虫子，不管是小的蚜虫，还是大的菜虫。甚至有时候，还会在菜地里碰到老鼠。月月一开始非常害怕，几乎不敢进到菜地里去。

现在孩子的生活环境跟我小时候是完全不一样的。在我小时候，一到夏秋季节，我就会跑到田地里去捉各种昆虫，蝈蝈儿、蚂蚱、蝴蝶、蜻蜓，根本不害怕。我喜欢做手工，所以经常会编一些小笼子，把抓来的虫子装在里面，然后和小伙伴们互相炫耀一番，看看各自都抓到了什么好东西。

现在的孩子几乎很少有这样的经历，月月更是如此。为了能让她积极参与到劳动当中，我努力帮她做好防护措施，比如给她穿长袖、长裤和雨靴，尽可能不让她接触虫子。但是到后来，在好奇心的驱使下，月月的胆子渐渐大了起来。她不但能到地里除草，而且敢捉虫子了，脏活、累活也都能做得很好。

月月能有这样巨大的转变，可能有一部分原因是我对她的心理建设。我告诉她，虽然照料农作物很辛苦，但是我们既然租下了这块耕地、种下了农作物，就要对它们负责到底。如果我们因为怕脏、怕累、怕虫子就不管它们了，那它们可能会旱死、荒死、被虫子吃光，只有"死路一条"。这样一来，我们租这块地等于是白租了。何况春天的时候，我们那么辛苦地把它们种到地里，现在扔下不管，岂不是半途而废？

月月是个做事不愿意半途而废的孩子，听我这么一说，责任感立刻上来了。她表示绝对不能让我们这块地荒废，一定要拿出自己是"劳动人民的孩子"的精神，照料好地里的每一位"朋友"。

我觉得，这就是一个培养孩子责任感很好的方式。在种植和照料农作物的过程中，孩子可以直观地感受到农作物生长的过程，对每一株农作物都满怀善念和期望，期待秋天的大丰收。而且，想要真正有所收获，就必须耐心地照料好每一株农作物。其间，一旦偷懒了、敷衍了，就有可能一无所获。所以，我们必须有责任感，对种下的农作物付出辛苦的劳动，才有可能迎来秋天的收获。

其实孩子做任何事情都是如此，想要把事情做好，就必须认真负责，尽自己最大努力去完成。当孩子具有做事的责任感后，他才可能成长为一个有担当、有主见、遇事不退缩、能够冷静思考、主动解决问题的人。未来走上社会，面对人生的重大问题时，他也才有可能迎难而上、积极解决，而不是推脱或逃避，成为别人眼中懦弱、自私的人。

## 能够克服困难，才有更多的收获

大家经常提到一个词，叫"逆商"。一般指的是人们在面对逆境时的反应，也就是应对挫折、摆脱和克服困难的能力。拥有逆商的孩子，可以与父母之外的大人、关心他的人，产生强烈的社会联系和感情联系。面对困难时，他不会轻易放弃，从而逐渐成长为一个积极、乐观、向上的人。

在两个女儿成长过程中，我并没有刻意地培养她们的逆商。但是现在回过头来看，无意安排的活动或是做过的事情，可能已经潜移默化地提升了她们克服困难的能力。比如在耕种这件事上，月月需要克服胆小、怕虫子的心理为农作物除草、除虫。到了秋天收获时，她会提前做完作业，腾出时间跟我们一起去收菜。

我们每年大概能从这块耕地收获100多棵白菜，最多的时候收了200多棵。每次收白菜，月月都会参与。我们要做的，不仅是把白菜从地里拔出来，还要把白菜外面的老菜帮掰掉，然后装到袋子里，最后装上车、拉回家。对孩子来说，这个过程特别辛苦。除了要付出很多体力，还要忍受糟糕的环境。因为每年收白菜的时间都快到 11 月份了，天气比较冷，月月要穿上很厚的衣服去田里干活儿。如果赶上阴雨天气，就更冷了。还没等拔完菜，她的小手就已经冻得通红。

月月虽然偶尔会觉得辛苦，但对这个过程还是很喜欢的。就算遇到一些困难，她也会努力自己克服，实在克服不了的才会寻求我的帮助。

后来心心长大了一些，我们也带着心心一起去。心心一开始比较抗拒干活儿，尤其在拔白菜和萝卜的时候，她拔不动，就会很沮丧，然后生气地回到车上。

为了能让心心坚持下来，我们给她带了零食，如果她不想干活儿，就到车上等我们。而月月，会从头到尾和我们一起做完全部的工作。后来，心心见姐姐在田地里那么开心，就慢慢参与进来了。我为了增加她的劳动积极性，就带着她一起摘葫芦。我们种出来的葫芦很大，她摘起来很有成就感。这时，即使她弄脏了衣服，或者摔倒了，她也能克服。再加上我给她时不时地加油打气，她很快就觉得劳动是一件很快乐的事。尤其在克服了困难后，那种成就感和参与感让她非常满足。

最后，当我们载着满满一车菜回家时，两个女儿别提

王元卓和女儿月月收获白菜

有多开心了,身上的劳累也一扫而空。

种菜的经历,让两个女儿深刻地体会到劳动的不易,也让她们明白了劳动是光荣的。劳动中哪怕遇到了困难,只要自己努力克服,就会有所收获。而收获带给自己的快乐和满足,已经远远大于了过程中付出的艰辛。

有些朋友知道我租了一块地自己种菜,很不理解,觉得这是一件又辛苦又浪费时间的事。的确,耕种非常辛苦,但其中也有很多快乐和收获。尤其对孩子的成长、对孩子综合能力与优秀品质的培养，更是极有帮助。

在我看来，耕种不只是一种劳动教育，它还包含很多其他的优势。比如，耕种教会孩子爱惜东西。月月就特别爱惜我们种的菜，一棵都不舍得丢。耕种让孩子从一个被照顾的状态变成有参与感的劳动者的状态，提高孩子做事的积极性。耕种让孩子接触大自然、了解大自然、敬畏大自然，感受农作物开花结果的自然规律。耕种让孩子在遇到困难和危险时，能够独立地想办法克服。两个女儿从一开始害怕虫子和没见过的小动物，到慢慢熟悉它们、了解它们，到最后哪种虫子有什么特性，她们都一清二楚。耕种更让孩子体会到了劳动的艰辛，知道有付出才会有收获，明白任何事情都是一个从辛苦到快乐的过程。

高速发展的现代社会，对家长和孩子来说，确实有很多便捷的教育方式。我的这种教育方式也许比较辛苦，但我和孩子都从中获得了很多不一样的成长。更重要的是，我希望通过这种身体力行的耕种劳动，通过这样的陪伴，可以帮助孩子获得最基本的生存技能，培养孩子自立自强、做事有始有终的品质，让孩子未来走上社会后，无论做什么，都能够积极地参与其中，克服困难，体会付出和收获的快乐。

## 第2节 迷人的传统文化，美好的家族传承

家庭教育中，家庭文化教育是孩子成长中至关重要的一环。在家里，孩子能从父母和长辈身上学到很多东西，如处事方式、价值观念和情感认知等。家长的一言一行，不仅会影响孩子的行为习惯、生活态度、社交能力，还会对孩子形成自己的世界观、人生观、价值观产生极大的作用。家庭所传承的文化，无论是国家文化、地域文化，还是家族文化，都能够在一定程度上指导孩子的行为和选择。因此，积极健康的家庭文化教育对孩子的成长起着至关重要的作用。

那么，家庭文化教育的根基源于哪里呢？追根溯源，是我们中华民族迷人的传统文化。

现在，很多孩子被西方文化带来的新奇感吸引，喜欢过西方的节日、跟家长要西式的礼物。事实上，我们中华上下五千年的传统文化更加丰富多彩，也更加博大精深。作为家长，我们如果能将中华优秀传统文化传承给孩子，对孩子的成长将是非常有益的。

## 给孩子一个有年味的春节

不得不承认,现在的年味越来越淡了。过年对很多孩子来说就是放了一个长假,相比其他节假日,好像很难说它有什么特别的意义。收压岁钱不再是孩子们最盼望的事情了,新衣服也不是只有过年才穿。无论乡村还是城市,很多地方也早已听不到喧闹的鞭炮声、看不到灿烂的烟火……似乎每个年都没有留下太多深刻的记忆,孩子们也体会不到太多过年的乐趣。

如今过年,跟我小时候的经历完全不同。我们这一代人,对春节、年味都有着很多美好的回忆。

我时常回想起小时候,在东北奶奶家,一大家人过年的情景,充满了中国传统文化元素。一进入腊月,大家就开始为过年做各种各样的准备。腊月初八那天要腌腊八蒜,腊月二十三的时候要祭灶、扫房子。之后就是剪窗花、写春联、贴年画、扎灯笼。等到了除夕,在此起彼伏的鞭炮声中,大家一起守岁,迎接新一年的到来。那时候过年,很多东西都是自己动手做的。比如装饰用的拉花,要先把彩纸剪成花的样子,再一片一片粘好、连成一串,最后把它们从屋顶的一角拉到另一角挂好。五颜六色的拉花,给屋子增添了不少喜庆、温馨的气氛。

我们还会做很多面食,包饺子、蒸馒头、炸排叉儿。

老人喜欢在馒头上点一个小红点，以示鸿运当头、喜庆吉祥。北方的冬天特别冷，这些食物可以多做一些，放在常温的环境里也不容易坏，甚至能靠自然的温度冷冻起来。无论是打扑克、玩麻将，还是看电视、聊天，都可以随手拿起来当零食吃。

除夕那天晚上，我们一家人围在一张大桌子前吃饺子。有的饺子里面会包进一枚硬币，谁吃到了，就寓意他在新的一年里财运更加旺盛。我们几个孩子都敞开了肚皮吃，希望自己能吃到硬币。没吃到的人，还会感觉很失落呢！

除此之外，我热衷组织家庭性的文艺活动，套圈啊，猜谜语啊，拉着大人们参加。活动还会设置奖品，一般是奶奶给钱，我跑腿去买奖品。大家聚在一起玩，欢声笑语，特别热闹。

直到今天，小时候过年的美好记忆仍然刻在我的脑海中，我也一直觉得过年就应该是那样的。所以当我有了自己的家庭和孩子后，我依然会在过年期间带着家人设计传统活动。比如，和孩子一起画葫芦、剪窗花、写春联、写福字、点红灯笼，或者大家一起包饺子、做各种花样的小吃食，等等。我一边乐在其中，一边鼓励孩子尽可能自己动手，感受亲身体验的乐趣。

在孩子成长过程中，让孩子多了解我们的传统习俗、多感

王元卓和女儿们一起画葫芦

受传统节日是非常重要的，这是对孩子进行人文素质培养的最好方式。传统节日和习俗在岁月的长河中生生不息地流淌，以丰盈的意蕴，成为中华民族历史文化的重要组成部分。让孩子多了解和感受它们，不但能增长孩子的知识和见识，而且有利于孩子理解中华优秀传统文化无比厚重的精髓，感受亲人团聚的意义和长辈对自己的疼爱。在潜移默化之中，孩子学会感恩、体悟生命、传承精神，成长为一个能够发现美、勤动手、懂得爱的人。无论孩子未来走得多远，内心深处始终会保留一份对自己家庭和故乡的美好回忆。

## 和孩子一起动手做礼物

每到特殊的日子,比如重大节日、生日,或是纪念日,家长都喜欢给孩子买礼物。其实,我们完全可以带着孩子一起动手做一些特别有纪念意义的礼物。

在我小时候,每当同学、朋友或老师过生日时,我会画一幅画,再写上自己的祝福送给对方。我比较擅长画国画,喜欢国画别致而高雅的气质,把自己画的国画当礼物送出去,既能体现对对方的重视,又能展现我们传统文化的美。

画国画或写毛笔字一般用宣纸,这种纸比较薄,画上画或写上字后,不裱起来的话很容易损坏。为此,我在初中时还摸索着自学了装裱字画。学会后,我再用字画送礼物时,会仔细地把字画装裱妥当。朋友们见我如此精心地准备礼物,都非常高兴。

在我的爷爷奶奶"金婚"时,我自己动手用竹子做了一块匾,并在匾上认认真真地刻上三个字——"贺金婚"。我记得当时为了找到刻字用的竹子,我四处搜寻竹筐,最后在垃圾堆里捡到十几个竹筐,把它们全部拆掉,才得到足够的厚一点的竹片。然后我自己动手将竹片慢慢打磨干净,在上面刻好字,作为礼物送给爷爷奶奶。

在别人看来，这块匾可能就是个没什么价值的废品，也不值钱。但它饱含了我的创意，承载了我对爷爷奶奶的心意，制作它锻炼了我的动手能力，给我、给家人留下了一段难忘的回忆。所以，在我看来，它比我花再多钱买来的礼物都要珍贵，是一件无法用金钱来衡量的宝贝。

月月和心心出生后，我也经常带着她们动手做一些有意义的小礼物、小作品。

每年快到元旦的时候，我会和女儿们一起做台历。台历上的文字是我们自己写的，图也是自己画的。

每年进入腊月后，我会和两个女儿一起腌制腊八蒜。现在大家都觉得自己做腊八蒜很麻烦，想吃出去买点就可以了。但我觉得，还是自己动手做比较有意思。重要的是，能和孩子一起做，让孩子也参与进来。而且，做腊八蒜这件事可以让孩子了解其中的文化意义、学到知识，制作过程可以锻炼孩子的思考能力、动手能力。比如，在剥蒜时，孩子要寻找剥蒜的小窍门：手指用劲儿小了，皮剥不掉；用劲儿大了，会抠坏蒜瓣。所以，孩子必须很认真、很小心地反复尝试，发现规律，进而悟出道理：做事不能心急，要一步一步，有条不紊地去做。为了让剥蒜不显得那么枯燥，我会给孩子讲一些跟腊八节有关的典故、风俗，让她们对腊八这个传统节日有更深入的认识和感受。

其实，不管是画国画、刻字、做台历，还是自己动手做腊八蒜，做出来的东西什么样不是最重要的，重要的是要让孩子在这个过程中了解传统文化的内容，感受传统文化之美，体会其中的价值和意义。

"生活即教育"，这是陶行知先生教育思想的核心。抓住生活中的每一个教育契机，引导孩子去了解、去探索、去实践、去感受，丰富孩子的通识知识，唤醒孩子内心对中国传统文化的认同感。可以说，**对传统文化的尊重是"道"，具体所做的事情是"术"。道术结合，知行合一，才能让孩子深受其益。**

## 从名著中发现传统文化的魅力

在两个女儿小时候，我爱人就根据她们的年龄特点和兴趣，分别选择适合的读物，和她们一起亲子共读。心心4岁多就开始自己阅读了，每当看到有趣的地方，她还会开心地和我们分享故事情节。不知不觉间，亲子阅读成了孩子每天重要的必修课。在之后4年多的时间里，心心阅读了3000多本书。其中，有上百万字的英文原版《哈利·波特》，有四大名著，还有一些关于中国历史和中国传统文化的书。

心心最喜欢的中国名著是《红楼梦》。她已经读过很多遍，从小时候看图画书、儿童读本，到长大一些读厚厚的原著，还看了电视剧，以及一些名家对《红楼梦》的解读。在这个过程中，她总是有问不完的问题，比如其中的人物关系、某句诗词或某段话的含义、某个人物的命运等等。

有一年春节，我们一家人到广州过年。在我们住所旁边有一座古典园林公园，里面可以拍照。于是，我们决定一起去拍照。心心特意穿上了一套古典衣裙，盛装打扮了一番。拍照时，妈妈让心心摆出搞怪的姿势，心心却说："这种古典公园应该是古代大家闺秀经常来的地方，她们在这里吟诗作画、品茶会友。我们在这种地方拍照，怎么能做出那么夸张的动作和表情呢？"心心说得很有道理。所以，她拍照时全程保持了优雅的姿态和微笑。

看到女儿的做法，我很欣慰，这说明通过阅读名著，她对传统文化有了自己的理解和感悟。传统文化博大精深，意在教孩子如何做人、处世。**一个深刻体悟传统文化的孩子，也必然会在日常的一举一动中表现出自己做人、做事的态度。**这大概就是名著的魅力，是阅读带给孩子的心灵滋养。

月月上小学五年级的时候，和妈妈一起到美国生活、学习过一段时间。在美国小学的课堂上，月月发现同学们对中国缺乏了解，有时甚至带着某种偏见。于是，只要有机会，月月就会在课堂上向大家展示和推广中国传统文化。准备小学毕业论文时，她选择了《十二生肖与中国传统文化》作为毕业论文题目，通过问卷调研、数据分析等方式，深刻学习和领悟了中国十二生肖的内涵，并将所学、所感在论文中一一呈现，在论文最后提出了"学习传统文化，做自信中国人"的倡议。这应该就是传统文化与家族传承带给月月深入骨髓的影响。

两个女儿的表现，让我更加深刻地感受到，让孩子多阅读与中国历史和传统文化有关的书籍，可以帮助孩子对中华优秀传统文化和民族精神内涵产生更多的理解和感悟，也让孩子始终保持着温润与自信，这将是陪伴孩子一生的财富。

家长是孩子的第一任老师，也是对孩子影响最大的人。在孩子成长过程中，家长都希望孩子能够孝敬父母、友爱家人，有爱心、有责任心，更希望孩子未来步入社会后，可以成为一个对社会有价值的人。但是，现在很多孩子都生在蜜罐里、长在糖水中，吃着美味的食物、玩着有趣的游戏，享尽长辈们的无限宠爱，对家人和社会的期待却理解甚少，对传统文化更是知之甚少，这是一件很遗憾的事情。

我一直倡导，用传统文化中的精髓对孩子进行家庭教育，让传统文化陪伴孩子成长、培育孩子成才。一些传统风俗习惯、生活方式看似简单，其中却包含了深厚的文化内涵和意义。如果我们能有意识地将其传承给孩子，不仅会影响孩子的生活方式、价值观念与情感认知，还能帮助孩子形成健康的身心，培养孩子由内而外的文化认同和文化自信。我甚至觉得，越是传统的东西越经典。因为它们经历了上千年的历史流传至今，是先贤经过长期实践积累下来的物质财富和精神财富，是非常高级、非常神圣的，也是充满智慧的。如果能吸收传统文化中的精髓，将其作为孩子成长道路上的养料，我相信，它们一定可以成为孩子受益一生的精神宝藏。

## 第3节　仪式感让家充满爱

这些年，大家经常发出这样的感叹：现在过节，越来越没意思，甚至感受不到过节的气氛。即使和家人、朋友聚在一起，也是各玩各的手机，很少能留下值得回味的记忆。

造成这一现象的一个很重要的原因，就是我们在家庭中越来越缺少仪式感。在日益忙碌的生活中，工作负担、生活压力让我们每天疲于奔命。在难得的节假日里，很多人宁可宅在家里，也不愿花时间和心思去做一些具有仪式感的事情。于是，具有仪式感的事情变得越来越少，人间烟火气也越来越淡。哪怕是在某个特别的日子，比如生日、纪念日，布置氛围、制造惊喜、设计仪式也显得很多余，不如直接送礼物或者给红包更来得实际。

我读过给女儿买的《小王子》这本书，里面对仪式感的描述非常好，大意是说：仪式感就是使某一天与其他日子不同，使某一时刻与其他时刻不同。因为有了仪式感，很多原本无关紧要、可有可无的东西，就被赋予了意义。仪式感远没有我们想象的那么复杂，也不需要花费很多的时间和精力，但它能让家里充满爱、充满温馨，让家庭成员的关系更加亲密。

我从小就生活在一个很有仪式感的大家族中，每逢特殊节日，或者是值得纪念的日子，我们都会举行活动，或者自己动手做一些具有纪念意义的物品，给生活增加仪式感。我刚上初中那年，爷爷过70大寿，我专门为他画了一幅《百寿图》来表达我的心意。整幅画都是我自己设计的。画里的每一个"寿"字，从写法到细节处理，我查阅了很多书、做了很多尝试。那一笔一画的呈现，不仅是对爷爷的祝福，还是对亲情的最好诠释。甚至画上的错字，现在看起来都是非常美好的记忆。

从小到大，每每回忆起那些极具仪式感的事情，我心里都会涌现出许多温暖和快乐。从这个角度来说，仪式感可以让孩子对家庭产生更多美好的回忆，对童年拥有更多丰富多彩的记忆。在孩子长大之后，很多事情可能会随着时间的流逝被慢慢淡忘，而那些因为小小的仪式感而变得具有非凡意义的日子和经历，却可以在孩子的心中留下深深的烙印。

现在，我会经常带着月月和心心一起做很多具有仪式感的事情，希望她们也能在一个充满仪式感的家庭中长大，能够感受到家庭中的爱和温馨，能够始终与父母保持着亲密的关系。希望她们因此更加热爱生活，在面对挫折时可以更有勇气和力量。

## 记录孩子的成长历程

很多家长都喜欢给孩子拍照片、录视频，但真正能长期坚持下来，并不容易。从大女儿月月出生起，我就购买了专业的照相机，每天为她拍照片和视频，希望尽可能地记录下她成长的每一个瞬间。

随着女儿的出生，我们这个小家庭开始有了新的变化，相机中留下越来越多的家庭印记。在日常生活中，只要有机会，我就会拿出照相机，给家人拍摄。尤其是在特殊日子里，一家人聚在一起，我们一定会拍几张全家福。这么做，既有仪式感，又能留下岁月的记忆，将那段时光、那些笑容都留在那个时刻，给我们之后的生活带去温暖和力量。

月月上幼儿园期间，每天早上我送她到幼儿园门口时，会给她拍一张照片。为了拍照，月月几乎每天都会为自己挑选一套漂亮的衣服，还会在拍照时摆出各种不同的姿势。有时候已经进了幼儿园、快走到班级门口了，月月会突然回过头，再一次跟我道别，也摆个姿势，朝我笑笑，然后蹦蹦跳跳地进去。这些情景，我都一一拍了下来。至于这些照片有什么用，我当时并没有想。

慢慢地，家里需要记录的内容越来越多。那时还没有可以摆在桌子上的电子相册，大量的照片都存放在硬盘里，很少有机会再拿出来欣赏。后来，我开始尝试每年制作一本台历，从前一年给女儿拍的照片中选出一些放进去，还把家里重要的纪念日都标在台历上，如此坚持了三年。

随着心心的出生，一本台历已经放不下那些记录女儿成长中精彩瞬间的照片了。于是，我"转战"到了微信朋友圈，在微信朋友圈发布家里和女儿成长过程中的一些重要的事件、有趣的瞬间，或是难忘的经历，有照片也有文字。到了每年年底，我将这些内容整理到一本"微信书"里，用这种方式来记录我们家的成长故事。

我觉得这些都是仪式感的表现，它没有复杂的过程，只需要你用心去做。在陪伴孩子的过程中，我们应该去寻找彼此的联结，收集孩子点滴的成长，把它们连起来，就是孩子的显性成长。而这些成长的经历，会为孩子、为我们，留下很多美好的记忆。

## 重视每个值得纪念的日子

在我们家里，几乎每一个纪念日，比如我和爱人的结婚纪念日、家人的生日，我都会做一些很有仪式感的事情。

就拿我和爱人的结婚纪念日来说，每一年我都会花很多心思、用不同的方式，让它变得令人难忘。在我和爱人结婚的三周年、七周年和十周年时，我分别用软陶捏了三组家庭雕像。随着两个女儿陆续出生，我们的婚姻在幸福中稳步向前。在九周年的时候，我亲手设计了四件T恤衫，我们一家四口每人一件，一起穿着去拍了艺术照。后来，虽然T恤衫我们没怎么再穿过了，但是当时的照片却记录了我们一家人满满的温情。

女儿们过生日时，我会和爱人一起为她们制作生日蛋糕。之所以要两个人合作，是因为爱人擅长烘焙，而我更喜欢设计和创作蛋糕的花样。我会征求女儿们的意见，给蛋糕画上她们最喜欢的图案。另外，我们每年还会在家里举行一个小型的生日会，请"小寿星"的好朋友来家里一起玩。我和爱人会为孩子们亲手做一顿大餐，然后和孩子们一起庆祝生日。当然，这个过程也是不能忘记拍照的。

我自己过生日的时候，我也会给自己准备一份小礼物，比如画一幅画、写一幅字、写一首诗。爱人和女儿们也不忘为我准备礼物。虽然大多数礼物是她们买来的，但是她们会给我写最动人的祝福语，有时候是几句话，有时候是一首小诗。别看这些都是很简单的小仪式，其中可是饱含了非常真挚又深厚的情感。同时，这也是一种家庭幸福的体现。

王元卓一家人的仪式感

家庭仪式感应该是遍布家里的每个地方。我们家有一幅国画，上面写着我特意送给爱人的诗，为了感激爱人生养心心的辛苦而作，我把它专门装裱起来，挂在家里。搬家的时候，爱人希望变换一下家庭的装修风格，于是我尝试着画了五幅油画。那是我第一次画油画，一边学习、一边创作，坚持了一年多。这五幅油画现在仍然挂在家里的墙上，成为我们家庭文化的一部分。

以上这些看似简单的小活动，其实都可以给孩子充分的仪式感。一方面，可以让孩子更加自尊、自爱；另一方面，可以让孩子感受到父母的重视、家庭的关爱。**因为重视，才会用心准备；因为用心准备，对方才会感受到爱。**它能教会孩子很多东西，也能成为孩子美好回忆中不可或缺的一部分。同时，也更有助于家人之间的关系变得更加亲密、和谐。

## 亲子装的意义

我和爱人经常带孩子出去旅行。只要有时间，我们一家人就会一起出去走一走、看一看。旅行地点要精挑细选，它一定得在风景、气候、人文、美食等方面有些惊艳之处，能够让我们这一趟出游感到新鲜，并且有收获。

旅行并不一定是远行，也可能是在离家不远的某个地方。到了目的地后，我们可能会一起骑上自行车在周围转一转，去山脚下、小河边，也可能是在附近的老乡家里蹭顿饭，或者是在比较有特色的地方拍一些有趣的照片。每一次旅行结束，我都会把照片整理出来，发到微信朋友圈，再配上小诗留作纪念，以此记录我们一家人的见闻和快乐。

旅行时，我们经常会穿亲子装出行，从内到外体验那种一家人紧密联结的感觉。我认为这也是一种家庭教育，是强化孩子家庭观念的方式，可以让家人间的关系更加团结、亲密。对小孩子来说，可能对家人之间的联结感没有那么强烈，出去玩也处于一种自由散漫的状态。这时就需要一些外在的东西去引导孩子，让孩子知道：我们穿一样的服装出行，我们是一家人，我们要亲密地在一起。这就能提升孩子对家庭的归属感。而在别人看来，这也是一家人紧密相连的形象符号。

当然，有时候月月和心心也会提出异议，比如心心会说："我不要和姐姐穿一样的衣服，我要穿更好看的！"月月也会说："我也不想跟妹妹穿同款，好幼稚！"这种情况也是有的，但我从不会勉强她们，而是尽量引导，对她们说："我们是一家人哦，你看，我跟妈妈也穿了同款。""要是今天你跟我们大家穿的不一样，那我们拍的全家福照片里，你的衣服也会跟我们的不一样。到了明年,你就看不到今年的今天自己跟大家穿一样衣服的样子啦!"慢慢地,她们理解了我的说法、接受了我的提议。每次出行前,我们会先进行一番沟通,最后达成一致意见,从而形成了一种良性状态。尤其是月月,虽然她希望能穿得更时尚一些,但只要是跟家人一起外出,她就会关注到

月月和心心穿了姐妹装

家庭其他成员的需求。

可能在一些家长看来，这些无关紧要的小事还要放在心上，实在是浪费时间。但对孩子来说，却是完全不同的感受。**把生活中简单的事情变得具有仪式感，能有效地促进父母和孩子之间的情感交流，更关键的是，能让孩子感受到实实在在的幸福和温暖。** 另外，在这个过程中，孩子学会了如何与家人相处、如何以平等的姿态与家人交流，也学会了怎样平衡自己的需求、照顾全家人的需求，进而提升与家人之间的亲密关系。

再平凡、普通的生活，有了仪式感之后都会变得熠熠生辉。孩子的成长过程会因此而变得更加丰富、美好，孩子从父母、家人身上感知到的爱就会更多，与父母、家人的关系也会更加亲近。美国的伊利诺伊大学曾围绕"家庭仪式传承"这个课题进行过深入的研究，研究结果发现，在一个家庭当中，仪式感可以起到"黏合"各个家庭成员的作用，可以直接建立起一个家庭特有的价值观，并让父母和孩子对彼此有所期待。

**仪式的力量不在于"灌输"，而在于"浸染"。** 也就是通过营造一些特殊的氛围，将教育的内容融入孩子可以感知的美好情境当中，进而让孩子获得真切的情感体验。这样的仪式教育，能够把孩子内心的"神圣""敬畏""期待""感动"等情感激发出来。就像一位心理专家认为的那样：正常的身心需要一定的仪式感，一个小小的仪式就是一种强烈的自我暗示。用仪式去教养孩子，培养孩子的仪式感，就是教孩子用心地对待生活中那些看似平凡的小事。同时，有助于增进孩子与家人之间的亲密情感，丰富孩子的心灵，提高孩子的合作、社交、学习等各项能力，让孩子成长得更出色。

## 第 4 节　家长总在安排未必是好事

我曾在网上看到过这样一个问题：为什么家长都喜欢安排和支配孩子的生活？

有的回答说，因为家长小时候没有好的生活条件，现在条件好了，就不希望孩子再受自己受过的苦。家长希望自己能够指引孩子走向顺畅的人生道路，于是事事都想帮孩子安排好。并且，家长认为自己是过来人，给孩子安排的路不会出错。

还有的回答说，因为这些家长小时候都很努力学习，不少人通过层层考试考入名校，走进大城市，通过自己的努力改变了命运。而孩子从出生起就拥有比自己当年更好的条件、更优越的资源，也理应比自己更优秀，于是家长便想尽办法帮孩子安排各种辅导课程、竞赛项目等，希望孩子未来可以超越自己。

无论哪种说法，听起来好像都挺有道理。归根结底，是家长希望孩子能赢在起跑线上，不希望孩子在人生赛道上落后，才会尽自己所能帮助孩子做各种各样的安排。

我身边也有很多这样的朋友。比如，有一位朋友对孩子非常操心。只要孩子平时有时间，他就马上给孩子安排去上兴趣班，每个周末都要带孩子去参观著名高校，或者逛博物馆，去看最新上映的电影，参加各种活动……看样子，他对孩子的教育很有规划。但这里有个问题，这些安排是孩子自己需要的吗？孩子真的快乐吗？

相对于参观高校、逛博物馆、看电影，孩子可能更喜欢家长给他一两个小时的自由时间，让他出去跟自己的伙伴疯跑、玩耍。但是，很多家长都不愿意这样做。从表面看，家长好像在科学地教育孩子、替孩子规划。实际上，家长对孩子的过度安排有可能会让孩子失去自主成长的动力。等孩子长大了，拥有自己做决定的权利时，他反而不知道自己该干什么了。

我认为，在孩子较小的时候，适当帮孩子安排一些学习和活动是有必要的。但当孩子大一些后，我们就应该尽可能地尊重孩子的想法，让孩子懂得对自己负责，拥有自由的人生。这样才能让孩子在未来获得更宽广的发展空间。

## 过多安排会让孩子失去方向

我们知道，从小培养孩子面对困难的能力是很有必要的。但是在生活中，面对一些具体的问题时，许多家长出于疼爱孩子的原因，会竭尽全力地帮孩子避免挫折，因为不忍心看到孩子受委屈，总想替孩子安排好一切。甚至有些家长会提前为孩子设计好人生之路，希望孩子在自己设计的道路上顺利地走下去。

在孩子年纪很小的时候，孩子的成长确实要完全依靠家长的引导和教育。但孩子稍微大一些后，许多家长还是事无巨细为孩子安排学习和生活，减少孩子独立做事、锻炼能力的机会，或者在孩子遇到一点困难、面临一些选择时，直接干预，代替孩子解决问题、做出判断，阻止孩子得到应有的锻炼和思考。时间长了，孩子就会习惯事事都由家长做决定，对家长产生强烈的依赖感。不仅如此，孩子长大后还容易缺乏自信，因为他从小到大几乎没有自己做过决定，也不知道应该怎么做决定。这就会让孩子对自己的生活失去方向感和掌控感，进而直接影响孩子未来的正常生活。

我在一本书上看到过这样一种说法：父母应该充当孩子的脚手架，为孩子解决问题提供一个框架，让孩子自己动脑筋、想办法去解决问题。

我觉得这句话说得特别好。**孩子是个独立的个体，必须独立地承担起他生命里的责任。**家长对孩子的过度安排，甚至支配孩子，会让孩子渐渐丧失独立的人格。而一个缺乏独立人格的孩子，长大后会很难适应社会，甚至会感觉自己一无是处。这对孩子来说，无疑是一件非常痛苦的事。

所以，在我看来，家长对孩子不要有过多的安排，即使平时对孩子的学习和生活有要求，也要给予孩子一定自由支配的时间，让孩子可以自己决定该做什么。重要的是，自由决定自己的事情，能让孩子懂得对自己负责，从而培养孩子更强的思考力和适应力。即使受挫、失败，孩子也会学着去调节情绪，让自己快速恢复到正常状态。这才是一个健康正常的孩子应该拥有的能力和品质。

## 被安排着长大,孩子的路越走越难

我曾在电视上看过一档综艺节目叫《敞开心扉的少年》,里面有一位 12 岁的少年给我留下了很深的印象。在他 6 岁的时候,妈妈就已经给他做好了人生规划——未来拿到奥运会游泳比赛的冠军。原因很简单,他的游泳资质超越同龄人。妈妈认为,只要他能坚持下去,游泳这项运动给他带来的健康、自律和毅力,就会成为他一生的财富。

背负着这份期望,这个少年从 6 岁起就一头扎进了泳道。到 12 岁时,他已经学了 6 年的游泳。在这 6 年里,他每天的训练量从一开始的三千米、五千米,到后来的一万米,并且从不间断,经常累得大脑一片空白。

可以看出,如此高强度的训练让少年很抗拒,但妈妈并不体谅他,哪怕他多次表示自己很累,妈妈始终严厉地对他说:"这个家是给冠军住的!"

还有一个场景让我记忆犹新,主持人问少年:"你到底想成为一个什么样的人?你想过吗?"

他眼里写满了迷茫,然后很干脆地回答:"没有。"

主持人又问他:"那你有没有想过,拿什么样的冠军?"

他依然摇头:"没有。"

"你现在做的事情，对你来说有什么意义？"

"就是帮我妈妈完成她的梦想……"

当时看完这期节目，我为这个男孩感到非常无奈。家长帮助孩子发展优势，为孩子做早期规划，这本没有错，关键在于家长能否把握好一个"度"。如果掌握不好"度"，那就很可能变成像这档节目中的家长和孩子一样，家长一厢情愿地为孩子安排人生，却让孩子失去了自己的人生理想和目标。

**对孩子的过度规划，是家长用自己的期待去支配孩子人生的一种越界行为。**它会不断模糊孩子的成长界限，侵占孩子独立思考的空间，弱化孩子自主决策的能力。未来，孩子即使取得了家长期望中的成功，也会暴露出很多问题。因为孩子失去了把握自己人生方向的权利，就算取得了成就，也会变得越来越迷茫，不知道下一步该做什么、未来在哪里。

**如果孩子前行的动力不是源于自己，而是来自家长为他安上的发条，那么孩子在未来遭遇的困难和挫折便不再是磨炼，而是被放大无数倍的磨难。**到那时，就算孩子想重新找到自己的目标，他也会感觉无能为力。

心理学上有个名词，叫"自我效能感"，它是一个人对自我能力的认知和评估。自我效能感强的人，在遇到困难时，能集中精力分析问题、解决困难。相反，自我效能感弱的人，在困难面前常常会感到无助，还会习惯性地给自己设限，从而错过发展潜能的机会。那些事事都被家长安排的孩子，长大后就容易成为后者。

所以，我认为，不能说家长给孩子安排生活、规划未来一定是好事或坏事，但过度安排、过度规划肯定算不上是好事。**家长最大的自律，应该是管好自己想要替孩子走路的心，不用自己认知的顶点去局限孩子人生未知的高度。**这样，孩子才有挖掘未来的种种可能。

## 孩子需要有独立决策的能力

在教育孩子的过程中，适当让孩子独立做决策是非常重要的，我甚至觉得这一点比知识本身还重要。因为孩子拥有了独立的决策思维，就会有自主学习和前进的意识。

这一点不难理解。比如说，我有学习的决策思维，那么我看书、学到知识就只是花时间去做的问题。相反，如果我没有学习的决策思维，我大概率很难有要去学习的意识，哪怕要看的书、要学习的东西就放在我眼前，我也意识不到要有所行动。孩子也是如此,他不去学习,是因为没有要去学习的意识。

从小鼓励孩子独立决策,往往可以激发孩子的内驱力,培养孩子主动做事的意识。

心心因为从小看书比较多,上二年级的时候眼睛就近视了,而且度数还不低。我们带她到医院做了一番检查,决定给她配一副 OK 镜,也叫角膜塑形镜。

OK 镜是一种隐形眼镜,佩戴起来比较麻烦,需要每天晚上睡觉前戴上镜片,早晨起床后取下来。刚开始时,妈妈从医生那里学会了戴 OK 镜的手法,每天帮助心心戴镜片和取镜片。有时妈妈出差,就由我来帮她戴。但心心对我帮她戴 OK 镜这件事很抵触,她担心我不够小心,弄疼她的眼睛。我要和她商量很久,并且保证我一定会非常小心,她才允许我帮她戴。这样的状态持续了一年多。

心心升入三年级的时候,有一次妈妈对她说:"你已经上三年级了,是大孩子了。爸爸妈妈有时很忙,可能顾不上你。你的眼镜如果没人帮你戴、帮你摘,你怎么办?你要不要学着自己做这件事?"

心心一开始不愿意,也是害怕自己做不好。纠结了几天后,有一天晚上准备睡觉前,她终于拿着小镜子,去尝试着自己戴眼镜了。一连几次，她都没成功。妈妈看到了，就过去教她第一步怎么做，第二步怎么做……然后鼓励她重新戴。又尝试几次后，终于成功了！她当时特别有成就感，还兴奋地表示以后都由她自己负责戴眼镜这件事。

后来我们带心心去医院复查，医生听说心心每天自己负责戴眼镜、摘眼镜，感到非常意外。因为很多五六年级的孩子都是让家长帮忙做的，心心年纪这么小，就能自己做这件事，真了不起。

在培养孩子的过程中，我们经常担心给孩子太多决策权会让孩子走上错误的路。但实际上，孩子只有通过亲身经历和尝试，才能真正理解责任和后果。所以，在平时生活中，我们应该多给孩子一些自主选择、自我决策的机会，让孩子自己决定一些事情。比如，可以从今天穿哪件衣服、做作业时先完成哪个科目，类似这样的小事开始。

当然，在这个过程中，我们也要多给孩子一些鼓励。孩子遇到困难的地方，我们还要适当给孩子一些指导和帮助。这样一来，孩子在做事时才会更有信心，完成后也更有成就感。久而久之，孩子的决策力和判断力得以培养和提高。同时，孩子会更有自驱力，不会事事都要家长催着、推着才肯去做。

此外，我们还可以鼓励孩子多参与家庭决策。尤其在做一些家庭重要决策时，可以听听孩子的意见和想法，让孩子参与讨论。孩子的意见可能不成熟，甚至很幼稚，但这个过程能很好地锻炼孩子的思考能力和表达能力，还能培养孩子对家庭的责任感。我们可以通过耐心倾听和引导，帮助孩子看清问题的各个方面，从而让孩子做出更好的决策。

我曾经听过美国斯坦福大学前新生教务长的 TED 演讲，最令我感慨的是这样一段话，大意是说：比起应该申请或进入哪所名牌大学，我们更应该关注孩子的习惯、心态、技能、身心健康，将重点放在打造一个能帮助孩子为成功奠基的童年上。有了这些，孩子才能在哪儿都能成功。

"关注孩子的习惯、心态、技能、身心健康"，我们就要在生活和学习中给予孩子足够的自主权，培养孩子的自信心、独立性和责任感。这不但能让孩子在成长过程中学会独立思考和决策，还能让孩子逐渐变得成熟和自信，从而更好地适应社会和面对未来的挑战。即使未来遇到困难和挫折，孩子也能够靠自己的力量做出明智的选择。

## 第 5 节　培养孩子拥有宝贵的同理心

每个孩子都是家里的宝贝，尤其现在家庭里孩子少，家长对孩子总是各种宠着、哄着。这当然可以让孩子感受到来自家长满满的爱，但同时也容易导致孩子出现一些问题。比如，事事都以自我为中心，无法控制情绪，不体谅家长的辛苦，对大人交代的事情缺少回应，遇到问题只会指责别人、不从自己身上找原因，等等。简而言之，就是缺乏同理心。

同理心是一种非常宝贵的品质，是指能站在对方的立场设身处地地思考问题，并能理解对方的情绪、体会对方的感受，也能站在对方的角度去处理问题。**在人际交往中，有同理心的孩子可以更好地与别人相处，能够理解并接受一些社会规则，更容易适应社会，拥有稳定的社会关系。**

在月月和心心的成长过程中，我一直都比较注意培养和保护她们的同理心。特别是遇到问题时，我会耐心地引导她们换位思考。所以，她们一直很懂得为别人着想。

月月的班级里有两位班长，除了月月，还有一位男班长，他的学习成绩非常好。之前，学校要评选优秀学生干部，要求参选者不仅学习成绩优秀，还要具备一些其他条件。男班长由于其他方面的小问题，一直没有评选资格，而月月多次被评为优秀学生干部。

在有一次评选优秀学生干部时，月月突然和我说，她想放弃评选资格，不参选了。我当时很惊讶，问她为什么要放弃。她说："因为我们班的那位男班长这次终于可以参选了，我肯定不会跟他争的。"

听了月月的话，我很欣慰，因为她非常懂得为别人着想，她的同理心"成长"得很好。

现在很多家长在教育和培养孩子时，很容易忽视同理心教育。其实，孩子有同理心，能够学会换位思考，是一件好事。表面看，孩子可能需要放弃一些自己的利益，好像吃了亏。但从长远来看，同理心能让孩子受益一生。

那么，我们在生活中该怎样引导孩子学会为他人考虑，培养孩子的同理心呢？

## 引导孩子理解不同的生活状态

很多孩子在成长过程中，平时所能接触到的，就只有自己身边的一些人和事，对外面的世界缺乏了解，也缺乏感知和理解。这会导致孩子认为世界就是自己看到的样子。等孩子走上社会，遇到与自己曾经接触和认知不一样的人和事时，可能会难以适应，更难以产生同理心，无法与别人的境遇共情，可能会因此影响孩子的人际交往和社会关系。

所以，我们应该在孩子小时候就引导他去接触不同的人和事，帮助孩子理解不同的生活状态，让孩子知道，世界并不只是他看到的那样，有很多他不知道的事情，以及很多需要帮助的人。

月月上初中时，班级每年都会组织给边远山区的孩子捐书、捐衣服的活动。作为班长，月月需要组织和落实这项工作。在日常生活中，我和爱人总会给她和妹妹讲一些关于边远山区孩子生活的故事，告诉她，那里有很多与她同龄的孩子，但那些孩子的生活和学习却很艰苦，非常需要帮助。月月听完后，甚至难过得掉眼泪，说自己很想帮助那些小朋友。于是，她拿出自己的零花钱，让我帮忙找途径捐给那些孩子。或者，她用自己的压岁钱买一些学习用品，寄给他们。

有时我们一家人出去旅游，我会有意识地带女儿们去山区，或是不太发达的地方。当她们接触到许多不同生活状态的人时，会非常感慨，还会对我说："爸爸，他们的生活真的很不容易，我真希望能多帮帮他们！"这时我就会让女儿们思考一下，我们应该怎样为他们提供一些力所能及的帮助。哪怕很多时候，我们的确无能为力，但至少让孩子理解了不同境况下人们的生活状态，培养孩子的同理心和同情心。

帮助孩子理解不同人的生活状态，并由此引导孩子进行共情思考，这样的机会非常多。除了带孩子参加一些相关的社会活动，我们从电视上就能看到其他地区的人们是如何生活的。还有一些电视综艺节目，比如《变形记》，能让孩子了解到不同地区、不同家庭孩子的生活情况。

这时候，我们就可以引导孩子思考：看到那些小伙伴与你生活在完全不同的家庭，你有什么想法？与他们的生活相比，你是不是应该更珍惜自己现在的生活？并且，我们也要引导孩子换位思考，让孩子对别人的境遇产生同理心，继而尽自己所能地去帮助那些需要帮助的人。

## 让孩子学会将心比心

有同理心的孩子，在看到别人难过时，往往会想象自己处于对方的情况会如何，从而理解对方的感受。这就是我们常说的将心比心。假如我是你，我也会有和你一样的感受。能这样换位思考去看待问题，孩子就能慢慢学会如何更好地协调问题和解决问题。

我看过的 TED 演讲中，有一位演讲者讲到她在飞机上的一段见闻：飞机正在飞行，一个小婴儿一直在哭闹，同行的乘客感到十分烦躁，只有一个小男孩拿起自己的奶嘴，递给了小婴儿的妈妈。

在日常生活中，很多人遇到问题时习惯于指责别人，而不是体谅别人，难以做到将心比心，更不懂得"己所不欲，勿施于人"的道理。不只我们成年人，孩子也会如此。遇到孩子出现这种情况时，我们需要及时引导孩子学会共情思考，将心比心地去理解对方，甚至学会推己及人，站在对方的角度去体会他的感受。

*月月有一个很难得的品质，就是在跟别人交往过程中，经常能做到设身处地、感同身受地理解别人。作为班长，月月经常要帮助老师维护班级纪律，比如自习时监督同学不要说话、上课时要求同学把手机收起来。这样一来，那些被管理的同学就会对月月有抵触情绪，有时甚至*

故意跟她对着干，这让她心里感到很不平衡。

有时，月月放学回来后会很委屈地跟我说："爸爸，我维持班级纪律明明是为了大家好，让同学们有更好的学习环境，为什么他们反而不领情、不理解呢？我真不想干这个班长了！"

但是，她很快能自己调整过来，将心比心地思考："其实我也理解他们的做法，无非就是想多玩一会儿而已，回家后估计爸爸妈妈管得更严。其实，我有时也想玩。"然后她就放下了芥蒂，和之前一样认真、负责地管理好班级。

偶尔，月月还会主动来跟我探讨一些更好的方法，比如怎样管理班级，如何跟同学沟通可以让大家既不反感、又能很好地遵守课堂纪律，等等。这时我会引导她换位思考："假如你是那个被管理的同学，别人来管你，你会怎么想呢？别人怎么对你说，你才更容易接受他的管理？"她经过仔细思考，很快就明白了其中的技巧，然后提出自己的想法，继续跟我讨论。

学会站在别人的角度思考、为别人着想，这是一种非常可贵的品质。我在平时跟两个女儿沟通时，会经常引导她们，遇到困难不要只从自己的角度出发去看问题，要学会转换角度，考虑到更多的可能性。想一想别人会有怎样的观点、感受和需要，理解别人为什么会产生某种情绪、做出某些行为。

比如，孩子被老师冤枉了，我们可以引导孩子为老师考虑，是不是没弄清楚实际情况；孩子受同学冷落了，我们可以引导孩子站在同学的角度，思考他为什么会这样做、是不是误会了自己；等等。这样既能让孩子学会了解现实中不同人的心理，又能培养孩子宽容仁厚的品质。更重要的是，孩子可以学会全面地理解问题、有效地解决问题，同时规范自己的行为，赢得更多的友好关系。

## 鼓励孩子的亲社会行为

亲社会行为也叫利社会行为，意思是符合社会希望，并对行为者本身没有明显益处，而行为者能自觉自愿地给行为的受体带来利益的一类行为。简单来说，就是助人为乐。

在月月和心心成长过程中，我经常鼓励她们多参与社会活动，比如公益活动、社区志愿者活动、环境保护活动等。有时她们的学校也会组织一些社会活动，像敬老爱老活动。我不但支持她们积极参加，还会让她们跟我分享自己参加活动后的想法和感受。

另外,一些看似"过家家"的游戏活动,对孩子的成长可以起到很好的帮助作用。

月月5岁时,参加了我们单位亲子协会组织的"跳蚤市场"活动。我们很多同事家的小朋友都会参加,把自己的玩具、学习用品拿来售卖或者交换。

月月也注册了一个摊位,从刚开始的羞涩懵懂,到后来的主动出击,甚至走出摊位,去远处招揽可能购买的目标顾客。月月第一次"出摊"就成功地完成了五次交易,还主动缴税9元。拍卖环节中,在月月卖力的介绍下,一个底价为5元的"蜘蛛人提篮"最后以39元成交。

活动结束后,月月主动把没卖出的物品和拍卖所得全部捐赠给了山区的小朋友。

从那之后,如何吸引顾客购买自己的东西、怎样获得更高的利润,便成了月月这个学龄前小朋友经常思考的问题。

有一天,妈妈送给月月一大盒五颜六色的皮筋儿,教她用钩针将这些皮筋儿编成戒指、手链、项链、钱包等各种装饰品。月月在家里练习之后,觉得现做现卖是个不错的主意。

于是一天傍晚,月月带着自己编制的作品,在小区的广场上出摊了。除了售卖戒指、手链、项链等成品,她可以根据顾客要求的大小和喜好的颜色，现场编制。一时间，小姑娘的摊位吸引了不少人围观。一位阿姨现场定制了一条黑白手链，一个小男生要求改编一条夜光手链，戒指、项链等成品也相继卖出。月月的"生意"好得不得了。

一直忙到天黑，月月才收摊回家。这次摆摊，她一共收入几十元。其实，作品的成本是很低的，真正吸引人的，是月月当场编制作品的过程，也是月月落落大方与人社交的状态。

这些小时候的插曲，可能孩子长大后自己都不记得了，甚至家长也会很快遗忘。但我相信，这些经历会在潜移默化中，对孩子的成长或多或少地产生积极的影响。

升入初中后，月月经常在网上和一些不相识的网友交换或相互买卖彼此收集的卡片或其他物品。那段时间，家里经常有快递员上门送快递和取快递。月月平时并不缺少零花钱，所以我分析，月月的这一行为应该是她大脑中一些潜在的社会意识在生活中的体现。这让我想起自己小时候到处去找人交换邮票、火花的情景。

这些社会行为不但可以提高孩子的沟通能力、社交能力，还可以让孩子了解更多的社会现象，培养孩子的社会意识。

更重要的是，孩子通过这些社会行为，能够接触许多与自己生活状态不同的人，甚至是需要得到帮助的人。由此激发孩子的同理心，让孩子学会与他人共情，懂得为对方着想。

有些家长可能会担心：人善被人欺，我教自己孩子善良，教他为别人着想，可是一旦孩子走出家门、走向社会，会不会吃亏、被人欺负？

我理解家长的这份担心，但我有不同的看法。我相信大家都有这样的感受：不愿意与阴险狡诈、恶意满满的人相处，愿意与善解人意、懂得为他人着想、能在别人有困难时伸出援手的人相处。与后者相处，我们会感到非常舒服、幸福，自然也会以同样的态度回馈对方。因此，如果孩子具备后者这样的品质，那么未来他走上社会后，就可以更好地适应和融入社会，赢得更多人的认同、喜爱，甚至是帮助。

社会具有一定的不确定性，孩子们未来也会遇到很多不顺心、不顺意的事。但是，作为心智成熟的家长，我们应该考虑为孩子"建立"一个什么样的社会概念：是一个人与人之间相互理解、相互包容、良性循环的社会，还是自私自利、只顾自己既得利益的社会？我相信一定是前者。**培养和保护孩子的同理心，鼓励孩子的亲社会行为，教孩子学会善待他人、理**

解他人，就是在帮助孩子"建立"一个友善、包容的良性社会环境。

当孩子拥有同理心，面对问题学会了换位思考，很多问题就可以迎刃而解。不仅如此，孩子还能学会更好地调整自己的情绪和行为，不让自己陷入纠结的状态之中。因为他不只考虑到自己的利益和感受，还考虑到别人的利益和感受。这时，他不会为了一己之私而伤害别人，损害别人的利益。这样的孩子，更懂得社交的分寸，能与周围的人和睦、舒服地相处，人际关系处理得妥当而优秀，还能从中体会到更多的成就感和幸福感。

## 第6节　我愿意做那个多付出的人

孩子是家庭的核心，教育问题对每个家庭来说是重中之重。在孩子成长和教育孩子的过程中，父母的角色和责任至关重要。

在很多家庭中，家庭分工通常是"男主外，女主内"的模式。爸爸主要负责在外面工作、打拼，孩子的日常生活和学习教育等方面主要由妈妈负责。这种家庭模式可能会导致的一个结果就是：爸爸几乎很少参与孩子的教育和成长过程，甚至连陪伴孩子、和孩子交流的时间都很少，与孩子的关系越来越疏远。

其实，由于性格差异，男性和女性在处理同样的问题时，往往会采用不同的方式、方法，对事物的判断和认知也会有不同的结论。所以，在孩子成长过程中，任何一方的缺席都不利于孩子个性的全面发展。

还有一些家庭主要由老人帮忙照顾孩子，孩子的父母每天在外忙于工作。这确实在一定程度上缓解了父母的压力，但父母长期缺位会给孩子的成长带来很多问题。比如，老人溺爱孩子，导致孩子自私、任性。父母参与孩子的成长过程太少，对孩子的各方面了解不够，孩子学习和生活中遇到困难或问题时，无法第一时间从父母那里得到帮助，没有恰当的解决方法，导致问题越积越多。

在我们家里，我和爱人都会积极参与对孩子的教育。并且，我们两人对孩子的教育理念是相互认同、相互补充的。你擅长这一点，那我就后退一些，把重点交给你；我擅长那一点，在那一点上我就要往前冲，我多付出一些。所以，我和爱人对两个女儿的教育是相辅相成、宽严相济、长短互补的。

不过，我们家也摆脱不了"男主外、女主内"的分工困扰。我因为工作关系经常出差。但我知道，我爱人的工作一点也不比我轻松。作为大学教授、博士生导师，她几乎每天都要与学生讨论和研究课题，工作任务繁多且重要。所以，不管出差回来有多累，只要回到家，我就会主动承担家庭责任，体谅爱人的辛苦，在家庭事务上更愿意多付出一些。虽然我们之间有一定的分工，彼此的角色是亲密的搭档，也是互助的帮手，但是在孩子的教育上遇到问题时，我不会当甩手掌柜，把责任都推给爱人，而是会更加主动地去面对和解决。

## 家庭教育要明确分工

我平时的工作比较忙，会经常出差、参加各种会议。即使不出差，除了日常的管理工作，我还要担负一些科研项目和指导硕士研究生、博士研究生等工作。让我感到欣慰的是，目前已经毕业的几十名学生都有很好的发展。并且，他们在毕业很多年后，遇到找工作、职业发展、找对象、买房、结婚等很多人生重要选择时，仍然愿意回来和我探讨，这也许就是古人所说的"师者，所以传道受业解惑也"吧！

我们家和很多家庭一样，我爱人在家的时间会比我更多一些。在这种情况下，我爱人承担了更多照顾家庭和孩子的工作，对两个女儿的关注和教育也会更多一些。爱人对我的工作非常支持，尤其是我出差期间不能照顾家庭和孩子，她从来没有抱怨过，这一点让我非常感动。

在教育孩子方面，我和爱人有着比较明确的分工。一般来说，我爱人主要负责规划和督促两个女儿的文化课学习，包括辅导日常作业，选择适合的兴趣班，以及帮助孩子规划学习时间，等等。在这方面，我在家里主要扮演执行的角色，尽可能地陪伴孩子完成她们的学习任务，为她们讲解题目，送她们去上兴趣班。

而在孩子的课外学习和兴趣培养方面，我发挥了更主要的作用。比如，我会拓展她们的天文、地理、历史知识，教她们画画、书法、篆刻、科技制作，锻炼她们的朗诵、主持能力，等等。有时，我还会带她们一起种植农作物，进行一些科学实验。我也不忘培养她们运动的习惯和爱好，我们一起练轮滑、学花样滑冰、打乒乓球、踢足球。女儿们很喜欢跟我一起在学中玩，我也很愿意看到她们在玩中学。尤其是心心，小时候一直不愿意去外面的任何兴趣班，每次跟她商量，要让她学点什么，她都会说："我只跟爸爸学！"

王元卓教女儿月月篆刻

当然,有时候我和爱人在一些教育问题上也会发生分歧。比如,她更注重孩子的成绩、孩子对待学习的态度。而我更加关注孩子的思考能力、动手能力,以及孩子的好奇心和知识储备。这也是我拉着两个女儿做"科幻电影中的科学"系列科普书的原因。爱人可能会觉得我在这些方面占用了孩子太多的时间,让孩子分散了学习文化课的时间和精力。遇到这种情况,我们会友好地沟通。首先，我们要了解孩子最近文化课方面的成绩和学习情况。然后，我们会根据实际需求适当对分工进行调整。当然，我们也会征求孩子的意见。

在我和爱人看来，两个人的分工和所承担的教育任务没有高下之分，都是为了让孩子成长得更好，让家庭关系更加和谐、幸福。教育孩子，只靠一个人的力量是很难完成的，需要夫妻双方共同重视和真心付出。这种付出，既包括经济上的支持，也包括精神上的爱与滋养。**家庭教育中的"分"与"合"不是单一的角色扮演，而是家庭成员教养方式与理念的有机结合。**这个过程中会有分歧产生，具体的形式可以探讨，观点可以不一致，但背后的目标却是一致的。有了这种共识，我们在处理教育孩子的问题时才会更加得心应手。

## 尊重老师和另一半的权威

在教育孩子的过程中，我和爱人的一致原则是：作为家长，不跟老师唱反调；在老师提出的一些要求上，尽可能尊重老师的权威。尤其在孩子的学习方面，我和爱人会根据老师的要求，监督孩子完成学习任务。如果出现问题，比如孩子没有达到要求的标准，或是对老师的安排有异议，我们会跟孩子充分沟通、了解清楚情况，听一听孩子的真实想法，在不破坏学校规则的前提下，给孩子一些尽量客观的建议，以平衡老师的权威和孩子的自主之间的关系。

在日常生活中，我和爱人会努力维护好对方在孩子面前的权威，尊重彼此的话语权。当我们在教育孩子的问题上有分歧时，我们从来不会当着孩子的面去否定对方，或故意跟对方唱反调，破坏对方在孩子心目中的形象，而是选择私下沟通，找到问题的最优解。

前文我曾提到，月月在上初中期间，曾经非常热衷在网上购买或交换她喜欢的卡片，以至于经常会有快递员上门收件或送件。在这件事情上，我爱人起初是很反对的，一方面觉得这件事没什么意义，不可能真靠这个挣到钱，而且月月也不缺零花钱；另一方面，月月的学习任务很重，她应该把有限的精力投入学习或其他更有意义的事情上。

但是，我对这件事的看法与爱人截然相反。因为我认为这不是一个"大是大非"的对错问题，不能盲目地否定孩子。我甚至还暗中帮助月月收发快递，不被妈妈发现和没收。

后来，我寻找合适的机会与月月沟通，想弄清她做这件事的出发点和目的。她告诉我，自己每天在紧张的学习之余能够收发一个快件，内心感到非常愉悦。她很享受这个短暂的惊喜。她的目的不是为了通过买卖赚钱，当然她也没有亏过钱。而且在这个过程中，为了实现卡片价值最大化、流程最优化的目标，她锻炼并提高了与人沟通、讨价还价等多方面能力。每一次"交易"积累的经验，都会让她下一次受益更大、效率更高。

了解这些情况后，我主动与爱人沟通，表达了我在这件事上看到的积极的一面，努力说服爱人，只要这件事的频率不过分，我们就不应该过多干涉。爱人最终同意了我的观点。我们还和月月半开玩笑地说，她应该总结经验和教训，写一份《关于青少年在线物品交易的模式分析与经验总结报告》。

虽然月月目前没有写这份报告的打算，但是我相信，这些在学习之余与各种人打交道的经历，有优化目标地策划各种事情的经验，哪怕是教训，对她来说都会是一笔宝贵的财富。

在这个过程中，我维护了爱人在孩子心目中的权威，也提高了自己在孩子面前的威信。最重要的是，孩子因此更加信任我和爱人，明白无论是什么事情，她都可以对我们坦然，从而获得我们的理解和支持。

## 不给孩子爱的压力

养育孩子需要投入很多的时间和精力,但我不赞同家长为了照顾孩子而放弃太多。比如放弃自己的生活,每天围着孩子转,这种做法很容易让孩子产生心理压力。一方面,孩子觉得父母为了自己放弃了很多追求和热爱,一旦自己的成绩不好,便会从内心生出对家长的亏欠;另一方面,孩子每时每刻都在家长的关注下,会感到自己没有了隐私。凡事有家长盯着,孩子会缺乏主动思考。哪怕是家长精心安排的学习和生活,不见得是孩子真正需要、真正喜欢的,孩子自然也不敢提出意见。时间久了,孩子甚至可能因此而出现一些心理问题。

我们养育孩子,需要关注孩子,为孩子付出,但这种关注和付出一定要适度,尤其不能让孩子感觉我们总是在关注他,或者只是关注他的成绩。我们要适度关注孩子,除了学习,我们还应该更多地关注孩子在其他方面的表现。比如,在外社交时的从容和镇定,在体育运动中的勇气和坚持,在处理各种复杂问题时的沉着和理智,参与班级和学校活动时的组织能力和责任担当,等等。

简而言之,就是别把自己的关注和付出与孩子的成绩捆绑起来,进而要求孩子达到自己的标准;更不要用语言打击、行为否定、精神打压的方式对孩子进行情感控制，让孩子觉得"爸爸妈妈做的一切都是为了我""如果我成绩不好，就是我有问题"。这会给孩子造成很大的心理负担，甚至是伤害。我们应该让孩子快乐健康地成长，而不是让孩子带着我们施加的"爱意"负担前行，那样孩子是很难走远的。

## 珍惜与孩子相处的点滴

孩子总有一天会长大，对我们的需要也会越来越少。所以我非常珍惜与两个女儿相处的点点滴滴，在我还能为她们提供帮助、她们还依赖我的时候，多陪伴在她们身边。

从小到大，月月和心心都在我和爱人身边成长。只有在她们很小的时候，老人帮忙照顾过她们一段时间。尽管如此，我们每天下班后会早早回家，希望陪伴她们的时间再多一些。每逢周末和假期，我们也会尽可能地带她们到处旅行，希望留下更多陪伴她们成长的美好记忆。

我和爱人之所以对两个女儿的事亲力亲为，是因为：一方面，老人年纪大了，我们不想让他们太操劳；另一方面，孩子们也都长大了，我们希望可以跟她们更亲近。心心上小学后，几乎完全由我和爱人来照顾两个女儿了。我们一家四口每天生活在一起，互相照顾，彼此支持，一起经历喜怒哀乐。直到今天，孩子们完全离开我或爱人身边的时间屈指可数。我相信孩子们是幸福的，同时这也是我们的幸福。

幸福的一家四口

我平时工作很忙，上班时间几乎是连轴转的状态，即使下班回到家，有时也需要处理很多工作。其实我也想好好休息一会儿，但只要两个孩子对我有需要，或者希望我陪她们做什么，比如给她们讲故事、陪她们做小实验，我就会马上打起精神，开开心心地去陪她们做。

我平时也经常出差，但是我从不在外面过多停留，尽量选择一早出发，白天抓紧时间完成工作，晚上赶回家。如果出差的城市较远，或者工作较多，不得不在外面住宿，我也尽量不超过两晚就赶回来，为的是能够在孩子们晚上入睡前或是第二天早晨醒来的时候，我已经回到家、陪在她们身边了。很多陪孩子们玩的奇思妙想、周末出行的路线等，我都是在出差的路上想好的，这样回到家后，第二天我就可以直接带着孩子们实施了。

在教育孩子的问题上，我和爱人与许多家长一样，都是从"小白"开始的，也一直在沿着不同的教育风格和路线摸索。在这个过程中，必然会有很多付出，也会有阵痛，但所幸我们都愿意学习，也愿意研究，更愿意积极地寻找最适合孩子的教育方法。

同时，在家庭生活中，尤其在孩子的教育方面，我也愿意多为家庭考虑，多为爱人考虑，尽可能地减少冲突和矛盾。家庭生活中没有绝对的公平，也没有谁吃亏、谁占便宜的说法。我和爱人都希望家庭作为一个有机体，可以良性、平衡地发展。要实现这一点，总要有人在其中多付出一些，而我，愿意做那个多付出的人。

当然，我对这种付出是甘之如饴的，它让我体会到了自己在家庭中的重要性。不仅如此，我也是在为孩子们做榜样，希望两个女儿能够从我的身上感受到更多的责任感，懂得为自己、为家人、为家庭负责，懂得我们的家庭是一个整体，是让所有成员感到安全、温暖，并且能获得快乐的港湾，我们每一位成员有义务和责任为家庭贡献力所能及的力量。我觉得，在这种环境滋养下长大的孩子，才更容易感受到家人之间的团结和温暖，以及相互之间的爱与尊重。

## 第 7 节　孩子是互联网时代的主人翁

经常有人问我：作为一名计算机科学工作者，如何看待孩子使用电子产品这件事？

在高科技迅猛发展的现代社会，想让孩子远离电子产品、远离网络是不现实的。我们成年人更无法做到离开手机和网络，不但工作中离不开，生活中更是如此。平时带孩子出去玩，我们会拿出手机给孩子拍照，然后发到微信朋友圈"晒一晒"；出去吃饭时，要用手机上网查一查哪家餐厅好；周末在家看电影，也可能会选择用更方便的平板电脑或手机来看。这些电子产品每天出现在孩子眼前，孩子肯定对它们充满好奇，想自己亲手试一试、玩一玩。如果我们总是藏着掖着，反对孩子接触和使用，说不定会适得其反。

在我看来，计算机是一门应用科学，是一种技术与工具。孩子既然出生在这个科技飞速发展的网络时代，就应该去拥抱现代技术，拥抱高科技的生活。其实，电子产品和网络对孩子的影响具有两面性。一方面，网络为孩子打开了一个新世界，拓宽了孩子的探索空间；另一方面，由于自控能力较弱，孩子可能容易沉迷于电子产品和网络，导致孩子注意力不集中，不利于孩子深度思考能力和社交能力的发展，进而影响孩子正常的学习和生活。这都是真实存在的问题。

在这种情况下，想让孩子科学地使用电子产品和网络，家长的引导就变得至关重要。在我们家里，两个女儿是可以使用电子产品和网络的。前提是由我引导她们科学使用，并让她们懂得：**我们不能做电子产品、互联网的奴隶，不能被它们控制，而应该做互联网的主宰者，做互联网时代的主人翁。**

## 别把电子产品当成洪水猛兽

之前与一位朋友聊天，提起关于孩子教育的问题。朋友非常苦恼地跟我倾诉，说他儿子天天用手机玩网络游戏。他苦口婆心地跟孩子讲网络游戏的各种坏处，希望孩子能远离网络游戏，把精力放在学习上。孩子当时答应得好好的，可坚持不了一两天，就故态复萌。于是他没收了孩子的手机，结果孩子偷偷拿奶奶的手机继续玩。沉迷游戏的结果可想而知，孩子的成绩直线下降，并且变得很暴躁。朋友多说几句，孩子就跟他大吵大闹。他特别无奈地说："早知道这么难控制，当初真不应该让儿子接触电子产品，就应该严防死守！"

朋友的心情我十分理解，我相信应该有不少家长陷入过这样的烦恼。但是在网络时代，让孩子完全与网络脱节是不现实的。有些时候，我们不应该简单粗暴地把所有问题都归结于网络与电子产品，认为是这些事物让孩子沉迷、成瘾。我们要理性看待和解决。

在我们家中，两个女儿是可以使用电子产品和上网的，她们也都有属于自己的平板电脑和笔记本电脑。月月已经有了自己的手机。心心也马上会拥有一部手机了，因为她每天学习要听音频、看视频，用手机会更方便。有了手机，自然就会给手机安装微信、QQ等社交软件，也会下载游戏和娱乐软件。孩子难免会接触它们。

实际上，月月从上小学起就有自己的手机和平板电脑了，我们也允许她在上面安装各种社交软件、娱乐软件，但不是任由她随便安装、随便玩，而是由妈妈帮她管理。比如，妈妈会监测她每天使用电子产品的时间，跟踪查阅她在使用什么程序、什么软件，浏览了哪些网页等。发现稍微有些"跑偏"，妈妈会善意地提醒她，及时纠正过来。当然，这种做法，是事先已经与月月沟通好，达成一致的。所以，月月使用电子产品有很强的自控能力。

身处互联网时代，我们没必要把电子产品视为洪水猛兽，看到孩子玩手机、用平板电脑，感觉孩子就要被这些东西吞噬了一样。其实，面对孩子使用电子产品这件事，我们应该像大禹治水一样，堵不如疏，与其严防死守地不让孩子碰，不如教会孩子如何科学、合理地使用，引导孩子用它做一些有意义的事情。我们可以时刻关注孩子通过电子产品获取信息的大概情况，一旦孩子跨出边界，就及时拉他回来，让情况处于可控范围之内。**至少在孩子能够完全自控、完全明辨是非之前，家长要负好控制的责任。**这也是我现在一直在做的事情。

### 与孩子一起协商上网计划

想让孩子科学使用电子产品和网络，与孩子的日常沟通和协商很重要。我在跟两个女儿沟通这件事时，不会把事情完全放在一个对立面，不会直接说"你这样上网是错的""你不能这样玩手机"等。这种界定和判断显得比较上纲上线，孩子不太容易接受。我一般会对她们说，你这样做可能不太好，或者换一种方式你会做得更好。总之，我们要尊重孩子独立的人格，在此基础上与她们沟通交流，一起协商上网计划。

试想一下，我们成年人偶尔玩手机、玩游戏都会沉迷，比如用手机看短视频，一不留神可能几个小时就过去了。孩子也是一样，玩起来就会忘了时间。如果孩子停下之后感觉懊恼，觉得自己玩的时间长了有些浪费时间，那么下次他就会主动注意并控制自己玩的时间。所以，我希望**通过平等交流、耐心引导的方式，让孩子学会对自己的行为负责，而不是用强制性的手段逼迫孩子"就范"。**

当然，如果孩子经常无法自控，甚至沉迷其中，家长就要及时出手。

首先，我们要跟孩子约定好时间。不仅约好每次玩手机、玩平板电脑多长时间，还要约好什么时间可以玩、什么时间不可以玩。心心小时候喜欢用平板电脑看英文版的动画片，我就跟她约定，每天上午户外活动回来之后可以看一集，午睡起来后可以看一集，其他时间不能看。后来她长大一些了，看动画片的时间会适当增加，比如吃完晚饭后可以再看一集。

其次，我们要跟孩子协商好家里的哪些区域不能出现电子产品。比如，在床上时不能玩手机、看视频，餐桌上不能有手机、平板电脑出现。这样的约定，可以避免电子产品影响孩子的休息和用餐。

约定很简单，但执行起来确实有难度，尤其在孩子较小的时候，有时没玩够，就会用哭闹要挟家长。此时，我们要记住一个原则，不管孩子如何哭闹，约定都不能变，要坚定地执行。慢慢地，孩子就能适应，直到能够自觉遵守约定、执行约定。

## 拥抱人工智能，才能适应时代发展

现在人工智能发展得很快，也许在不久的未来，我们就不需要记忆大量知识、做许多重复性工作了。人工智能作为我们的助手，可以帮我们解决那些需要靠重复和记忆来解决的问题。

我曾听过清华大学经济管理学院前院长钱颖一教授的一次演讲，其中有这样一句话："如果仅靠死记硬背和大量做题，教育很可能被人工智能拿下。"很多孩子的学习都是靠重复背诵、题海战术，才拿到较高的考试分数，缺乏思维能力的培养。实际上，学到的知识该怎么用，孩子可能并不知道。想要灵活地运用所学知识，靠的就是科学思维能力。这种能力恰恰是人工智能在短时间内，至少在百十年的时间里，没有办法取代人类的。

**教育，就是要赋予孩子那些机器不可取代的思维能力、创造能力。**未来的社会，需要的是具有创造性思维和人文精神的综合型人才。想让孩子了解和掌握更多先进的科技知识，就要让孩子从小接触和经历这些东西，不能因噎废食，要积极拥抱科技的发展。

在我们家，月月和心心每天写完家庭作业后，可以自由地使用电子产品，上网查询各种知识，了解最新的科技发展动态。有时看到一些自己不理解的内容时，她们还会找我一起讨论。从这个角度来说，电子产品只是一种工具而已，关键在于家长怎么教孩子去使用，以及教孩子如何管控。有管理，有约束，同时善加利用，电子产品可以成为孩子很好的学习工具。

作为电影《流浪地球2》的科学顾问，我曾经结合电影中的人物和剧情，为青少年解析了电影中2044年的科技发展设定。这个过程，月月和心心都参与其中。我们一起利用计算机、手机查阅资料，对网上搜集来的大量信息进行分析和探讨。虽然她们对很多知识还处于一知半解的状态，但是经过我的讲解，她们渐渐对这些知识产生了浓厚的兴趣，进而去主动探索和查询更多未知领域的知识。

未来，随着科学技术的不断发展，电影中那些具备自我意识的数字生命将无限接近于现实。因此，我希望孩子能够对各种新的知识领域保持好奇心和想象力，毕竟科技的发展源于人类对未来的想象。而我们要做的就是，保护好孩子的这份好奇心和想象力，引导孩子用好网络和电子产品，使其成为孩子成长过程中的有益帮手。

世界在快速改变，人们的思维方式和对待这个世界的方式也在不断转变。这是一个利他的时代，各种知识和数据都更加透明，社会流动性更强，人们更注重责任和体验。我们的孩子就成长在这样一个时代里，现在和未来都将与这个时代共同依存和发展。孩子在网络能力、科学思维、深度认知等方面的要求要远高于我们这一代。

因此，让孩子善于运用网络和各种电子产品去学习和进步，是互联网时代的一项重要家庭教育任务。通过合理引导、健康规范和积极参与，我们完全可以教孩子学会趋利避害，合理利用互联网获取有效的学习和成长经验，并让孩子的思维变得更开阔、更缜密。这也是我在互联网时代陪伴孩子共同成长的一个整体观点。

# 科学家奶爸说

1. 孩子"社恐"怎么办?
2. 如何处理好家长、孩子、老师的关系?
3. 怎样帮孩子建立规则意识?
4. 如何处理接触社会与影响孩子价值观之间的矛盾?
5. 孩子追星怎么办?
6. 怎样看待隔代养育问题?

## ❶ 孩子"社恐"怎么办?

科学家奶爸说

孩子见到生人害羞、见到熟人"不懂礼貌",确实令家长苦恼。但由此认定孩子"社恐",我觉得有点儿"言重"了!

"社恐"全称叫社交恐惧症,是一种神经症。如果孩子在与人交往时出现紧张、言语不当等情况,其实是孩子沟通和表达能力不足。

沟通与表达是一个人的基本能力。孩子能否坦然地与人沟通,要看他有没有表达的意愿以及相应的能力,也就是能不能把话说清楚。有时候孩子并不是不会表达,而是缺乏表达的意愿。如果我们发现他跟老师、同学、朋友沟通完全没问题,只是面对不熟悉的人会害羞、紧张,那就不用过分担心。家长要做的,是给孩子一些适当的帮助,慢慢锻炼他,提高他的社交能力。比如,多为孩子创造社交机会,鼓励孩子勇敢地表达自己的想法。

另外,我们要关注孩子在社交时能否准确地表达。有的孩子能说会道,但话题跑偏了,这样的表达就失去了意义,也达不到锻炼孩子的效果。这时,需要我们及时用恰当的方式提醒孩子,引导他回归正题。

---

小锦囊

孩子能否顺利与人沟通或表达,取决于孩子的意愿和相应的能力。多为孩子创造机会,陪孩子一起面对陌生环境,鼓励孩子勇敢表达自己。

## 2 如何处理好家长、孩子、老师的关系？

**科学家奶爸说**

孩子上学后，家长、孩子、老师三者的关系会很微妙。作为家长，我们如果处理不当，可能会影响孩子的情绪以及与老师的关系。

在我看来，家长应该尊重老师，尽可能地配合老师，不与老师唱反调。老师对孩子提出的要求，家长要监督孩子很好地完成。如果老师对家长也提出了一些要求，家长也要尽量配合。

当孩子与老师之间出现矛盾时，我们应该先跟孩子沟通，帮助孩子疏解情绪，这一点很重要。出现问题时，其实无论孩子还是老师，可能没有绝对的对错之分。关键在于家长如何解读，能不能帮助孩子及时走出不愉快的情绪，以后再遇到这样的事时该如何应对。我的建议是，家长既不应该一味地站在老师那边批评孩子，也不应该完全站在孩子这边跟老师对着干，而是要帮助孩子将矛盾客观地呈现出来，引导孩子自己去理解和消化。只有孩子感觉到自己与老师的关系处理好了，家长、孩子、老师的关系才算是真的好了。

**小锦囊** 家长要尊重和配合老师，也要引导孩子疏解情绪，帮助孩子客观地呈现问题，让孩子学会与老师融洽相处。

## 3 怎样帮孩子建立规则意识？

**科学家奶爸说**

帮孩子建立规则意识很有必要。缺乏规则意识的孩子，往往不知道行为的边界和底线，以后走向社会也很难适应。

首先，我们应该让孩子明白为什么要遵守规则，不遵守规则会带来什么后果。比如，教育孩子不能闯红灯，就要明确地告诉他：闯红灯不安全，会受伤，会影响其他车辆和行人的正常通行。孩子明白了遵守规则的原因，才会有遵守规则的意愿。

其次，家长要以身作则，要求孩子遵守的规则，我们一定也要认真遵守。月月上幼儿园时，家长去接孩子要在门口排队。我有时去得晚，会排在队伍后面。月月看到我之后，要我到前面接她。回到家，我告诉月月，如果她希望我快一点接到她。我第二天早一点去，就能排在队伍前面。如果我去晚了，插到队伍前面，对早到的人来说就太不公平了。她当时没有完全理解其中的道理，但欣然接受了我的说法。

此外，在给孩子制定规则时，我们要征求孩子的同意，和孩子一起商量，而不是单方面把规则强加给孩子。孩子感受到了关爱和平等，会更愿意遵守规则，进而建立规则意识。

---

**小锦囊** 引导孩子了解规则的意义，在尊重孩子意愿的前提下，和孩子一起制定规则、遵守规则，逐渐帮助孩子建立规则意识。

## ❹ 如何处理接触社会与影响孩子价值观之间的矛盾？

**科学家奶爸说**

想让孩子多接触社会，又担心影响孩子的健康成长和价值观形成。在如今复杂的社会环境下，家长有这样的矛盾并不奇怪。

我们都明白，孩子总有一天要独自面对复杂的社会。如果因为担心孩子会被社会上的不良风气带坏，而不愿意让孩子多接触社会，孩子未来怎么能顺利地融入社会、适应社会呢？

在我看来，解决这个矛盾的关键，是要从小培养孩子明辨是非的能力，让孩子知道什么是对的、什么是错的。大是大非的方向由家长把关，其他方面可以让孩子自己做决定，并要求孩子对自己的决定负责任。

我经常跟两个女儿说，只要你们知道哪些事是对的、应该做，哪些事是错的、不应该做，坚持这两点就可以。月月有很多朋友，会跟朋友一起出去玩，会参加朋友的生日会，有时还带着心心，我都允许。孩子们得到了充分的信任和自主，就会慎重对待自己的决定。

孩子只要有明辨是非的能力，价值观就不会轻易受影响。反而是家长过分关心、干涉孩子，才会使孩子想要挣脱父母的管教，去体验那些不被允许的行为。这种情况更容易导致孩子学坏。

**小锦囊**　从小培养孩子树立正确的价值观，引导孩子在大是大非问题上讲原则、懂分寸，不但能让孩子学会为自己负责，而且能避免孩子因外界诱惑而做出错误的选择。

## 孩子追星怎么办?

**科学家奶爸说**

家长发愁孩子追星这件事,无非是担心孩子的学习和成长受到影响。我反而没有那么悲观。

一方面,我们要尊重孩子的个人兴趣,理解这是孩子正常的成长和需求。另一方面,我们要正向引导孩子。孩子对某个明星感兴趣,可能是喜欢他好看的外表,甚至会刻意模仿他。这时,我们要引导孩子多关注明星的才华、作品、积极的人生态度等,鼓励孩子学习明星身上的优点。我们也可以和孩子一起讨论他喜欢的明星,让孩子感受到来自父母的认同和支持,而不是一味地反对。如此一来,追星这件事就会变成对孩子的一种正向激励。

此外,我们要适当给予孩子自由的空间,允许孩子有喜欢的人和事物。如果孩子只是喜欢看明星的图片、作品,偶尔在力所能及的范围内购买卡片、专辑,我们不用过度紧张。可以和孩子制定好规则,我们不干涉孩子追星,孩子要保证不影响正常的学习和生活。

回想一下,我们在年少时是不是也喜欢过某个明星?但这并没有影响我们什么。既然如此,我们为什么不能对孩子宽容一点呢?

**小锦囊** 陪孩子一起追星,引导孩子多关注明星身上的闪光点。追星不是什么洪水猛兽,反而可以成为孩子学习和成长的动力。

## 6 怎样看待隔代养育问题？

**科学家奶爸说**

隔代养育引发的问题，确实让家长左右为难。

客观来说，隔代养育有利有弊。利的一面是：老人帮忙照顾孩子，年轻的父母会比较轻松；弊的一面是：两代人观念不同，会因为教育孩子的问题引发很多冲突。

我们家也有过隔代养育的经历。两个女儿小时候，我父母和岳父岳母曾帮忙照顾过她们一段时间，但我们之间并未出现什么不愉快。在我和爱人看来，养育孩子是我们自己的事，不应该把责任都推到老人身上。所以，只要我和爱人有时间，就会尽量自己照顾和教育孩子。这样做既可以减轻老人的负担，又可以更好地陪伴孩子。

当然，在一些原则性问题上，我们会跟老人沟通，希望老人不要溺爱孩子。比如，让孩子学会自己的事情自己做，不要因为心疼孩子就替孩子做。孩子要学规则、懂礼貌，如果孩子有不恰当的言行，我们在纠正时，希望老人不要干涉。其他养育方面的细节问题，可以由老人做主，让老人享受与孙辈在一起的天伦之乐。

**小锦囊**

隔代养育不是问题，隔代养育中的观念分歧才是问题。做父母的多承担养育孩子的责任，多关注老人对孩子的爱，家庭才能更和谐。